明珠故影

西青历史影像集

杨鸣起
冯立
主编

天津出版传媒集团
天津人民出版社

图书在版编目（CIP）数据

明珠故影：西青历史影像集 / 杨鸣起，冯立主编
. —— 天津：天津人民出版社，2023.4
ISBN 978-7-201-11560-3

Ⅰ. ①明… Ⅱ. ①杨… ②冯… Ⅲ. ①乡镇—地方史—西青区—摄影集 Ⅳ. ① K292.15-64

中国国家版本馆 CIP 数据核字（2023）第 027045 号

明珠故影 ： 西青历史影像集
MINGZHU GUYING：XIQING LISHI YINGXIANGJI

出　　版　天津人民出版社
出 版 人　刘　庆
地　　址　天津市和平区西康路 35 号康岳大厦
邮政编码　300051
邮购电话　（022）23332469
电子信箱　reader@tjrmcbs.com

责任编辑　吴　丹
装帧设计　卢炀炀
书名题字　冯中和

印　　刷　天津市银博印刷集团有限公司
经　　销　新华书店
开　　本　787 毫米 ×1092 毫米 1/12
印　　张　20.33
字　　数　381 千字
版次印次　2023 年 4 月第 1 版　2023 年 4 月第 1 次印刷
定　　价　190.00 元

编委会

留住影像　留住记忆　留住乡情

冯　立

杨柳青是运河之畔著名的古镇，历史文化底蕴深厚。清初名士赵执信曾描写杨柳青：“临漕河，人家曲折随水，比屋如绣，树色郁然，风景可恋。”历史上，很多南来北往的文人雅士曾经留诗歌咏杨柳青之景。

应该说，杨柳青是一个集人文美与自然美的运河小镇。小时候走在杨柳青的街巷间，可以感受到两旁的青砖瓦舍、脚下的磨盘路、人们的言谈话语……到处都散发着文化的气息。但随着城市化的推进，杨柳青的很多古旧建筑、历史遗迹逐渐消失了，人们对家乡的记忆也模糊了。

2019 年，西青区委、区政府决定建设杨柳青大运河国家文化公园，提出要停拆止损，最大限度地保护和恢复杨柳青的历史风貌。

为了让杨柳青大运河国家文化公园的设计和建设能够体现杨柳青的历史风貌，公园建设指挥部文史指导组（以下简称“文史指导组”）下了很大力量搜集和发掘杨柳青、西青区的历史影像。其中收获颇多。如杨柳青天泉法师塔，被拆毁于 1959 年，之前西青区没有任何该塔的影像资料，甚至很多杨柳青人都不知道该塔的存在。文史指导组在查阅历史文献时，在 1930 年的《天津商报图画半周刊》发现该塔照片。又如，文史指导组还发现了 20 世纪三四十年代拍摄的大量西青河淀，特别是运河的照片，填补了西青段运河历史影像的空白。而成书于 1941 年的《天津县第三区杨柳青镇概况书》中的多幅照片，为今人展示了杨柳青旧时的诸多代表性建筑，让我们窥见昔日的古镇。

文史指导组还搜集了大量西青摄影人乃至普通百姓拍摄的历史影像。其中有古旧建筑、胡同里巷、公共设施……我们还搜集了一些有代表性的历史文献、名人照片，因为这都是杨柳青古镇、西青区历史文化底蕴的代表。这些照片既记录了西青，特别是杨柳青的历史风貌，又寄托了西青人的感情。我们精选有代表性的 341 张照片，并为它们撰写了简单的介绍，汇集成书，希望为西青人留住记忆，为杨柳青大运河公园的设计和建设提供参考。

文史指导组把搜集到的 2000 多张反映西青、杨柳青历史风貌的照片和 7 个多小时的视频交给了杨柳青大运河国家文化公园的设计方（天津大学设计院、乡伴文旅的设计团队），希望能够作为他们的参考，在公园设计中体现杨柳青的历史风貌，留住杨柳青古镇、西青区的历史记忆，切实把运河文化保护好、传承好、利用好！

家乡的历史影像，寄托了人们的乡情。什么是乡情，其实就是对家乡的爱、对家乡的感情！乡情是我们热爱祖国和民族的天然情愫！乡情其实就是爱国之情的根源。

我们就是要通过搜集到的这些照片，记录好西青区、大运河的历史文化，为西青人留住影像、留住记忆、留住乡情。

本书得到多位热爱西青历史文化人士提供的照片，书中已经一一具名，西青区档案馆为本书提供了大量历史照片，在此一并感谢。本书“丝路杨柳”一章为谢连华撰文，“人杰地灵”一章中部分名伶简传为张一然撰文，特作说明。

目录 CONTENTS

古迹寻踪

河淀旧影

梦中里巷

桑梓故影

文韵悠长

地灵人杰

花会记忆

丝路杨柳

古迹寻踪

千年的古镇，到处都散发着深厚文化底蕴的幽香。

那磨砖对缝的门楼，那精美绝伦的砖雕，那别出心裁的瓦当，那石磨盘铺成的小路……

你们都还好吗？

文昌阁

文昌阁位于杨柳青旧镇东南，通高 20 米，为六角三层砖木结构亭式楼阁，供奉孔子、文昌帝君和魁星。旧时有“崇阁濛雨”之谓，是杨柳青十景之一。该阁始建于明万历四年（1576），曾于明崇祯七年（1634）和清咸丰十年（1860）重修。旧时，文昌阁每层均有对联。第一层：礼乐技术，当时司命；文章定价，秋月华星；门额为“文昌阁”三字。第二层：辅世长民，天上星辰兼将相；致身竭力，人间忠孝即文章；横批“文教覃敷”。第三层：迎春柳明星聚五，文义高照士无双；横批“华光射斗”。光绪四年（1878），在文昌阁院内建崇文书院，造就了一大批人才，出了刘学谦、杜彤两位翰林。光绪三十一年（1905），崇文书院停办，开办天津县第二中学堂，不久亦停办。1938 年，在文昌阁院内建天津县第六十一小学。1947 年，改称文昌阁小学。1949 年，改称和平街小学，1950 年，与建设街小学合并，称杨柳青第五小学。1987 年，文昌阁被列为西郊区重点文物保护单位。1992 年，被天津市人民政府公布为市重点文物保护单位。1965 年及 1984 年先后进行过修缮。2001 年，杨柳青第五小学迁出，西青区对文昌阁进行了大规模修缮。

21 世纪初的文昌阁（于培福拍摄）

20 世纪 40 年代的文昌阁外景（周杰提供）

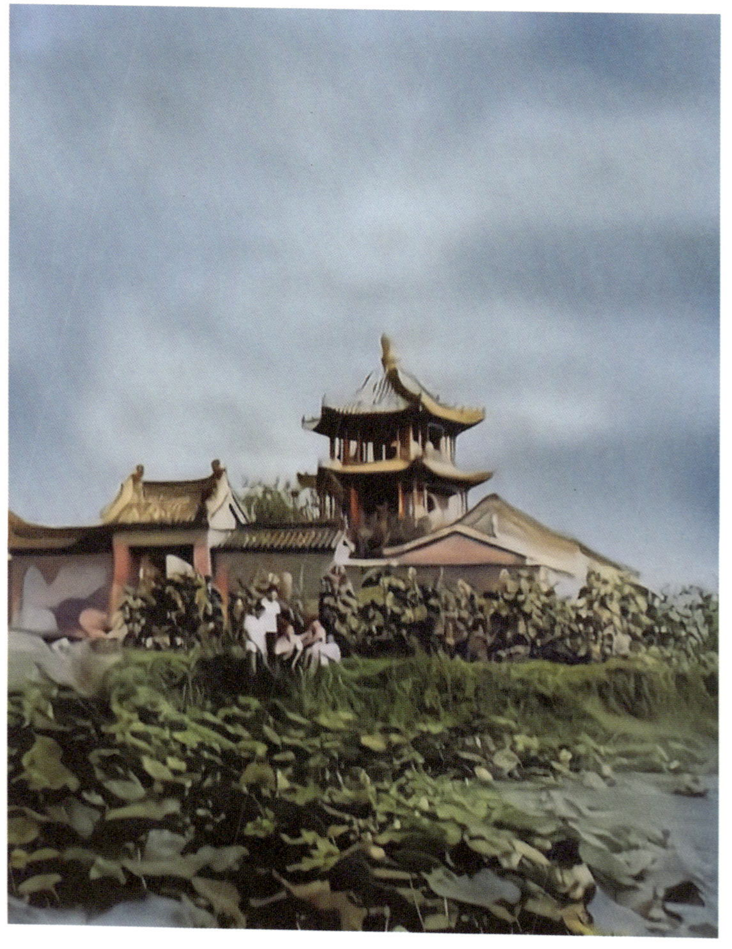

20 世纪 50 年代的文昌阁
（冯宗旺提供，冯立彩化）

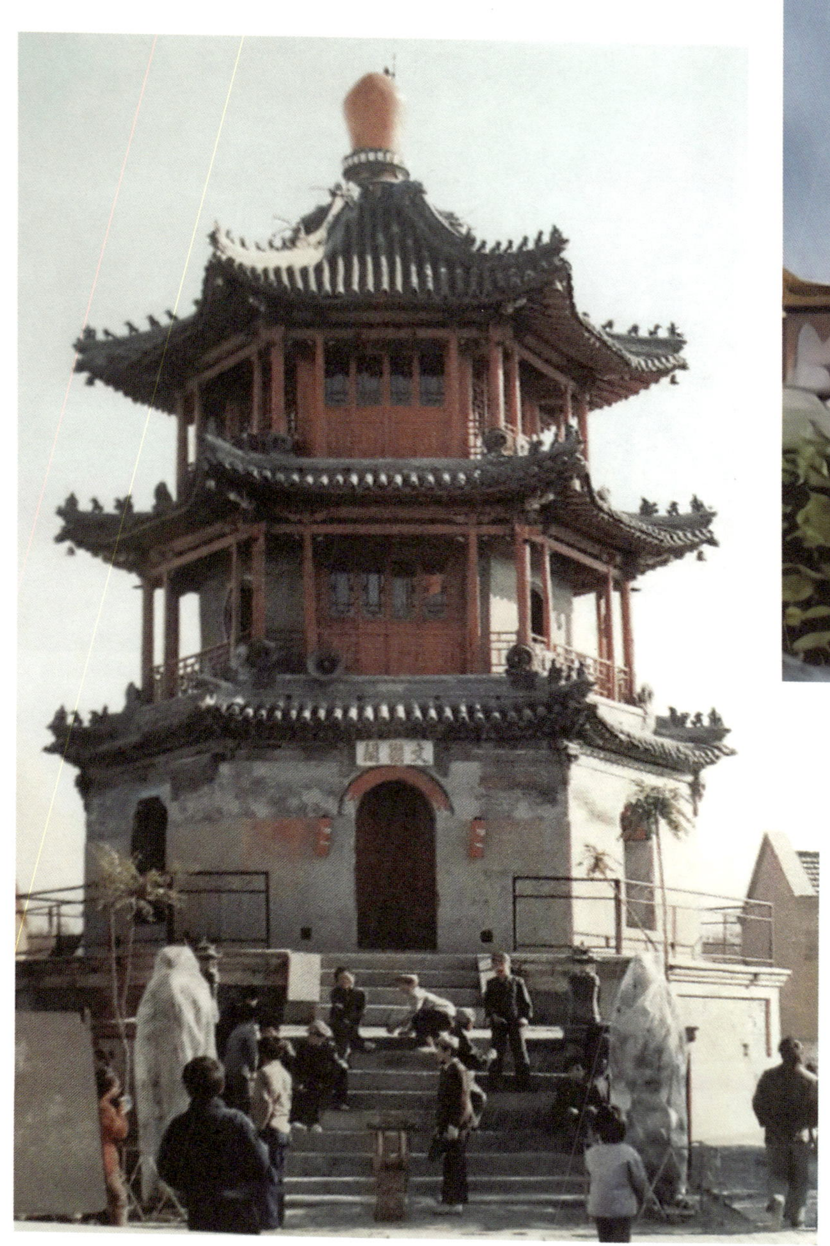

20 世纪 90 年代的文昌阁（西青区档案馆提供）

20 世纪 30 年代的文昌阁（西青区档案馆提供）

20 世纪 30 年代的文昌阁旧影（取自《天津商报图画半周刊》1930 年第 1 卷第 13 期）

▲ 20 世纪 40 年代的文昌阁（西青区档案馆提供）

► 20 世纪 30 年代的魁星阁（即文昌阁，取自《冀察调查统计丛刊》1937 年第 3 卷第 2 期）

▼ 20 世纪 40 年代的文昌阁外小桥（周杰提供）

20 世纪 40 年代的文昌阁院内俯视图（周杰提供，冯立彩化）

20 世纪 40 年代的文昌阁（周杰提供）

杨青水驿匾

明永乐年间，杨柳青设有杨青驿。明嘉靖十九年(1540)驿站移至天津城外。该驿站包括水驿和马驿。水驿为极冲级，马驿在天津至保定的官驿大道上。杨青驿设有州前、县前、桃花口、炒米店等分铺。

永乐七年（1409），时任湖广按察司佥事的黄宗载因事被贬为杨青驿驿夫。但他并不忧郁，闲暇时读阅书史、吟诗自娱。后复起，累官至南京兵部尚书。

当时驿丞兼为地方巡检，双庙、杨柳青等40多个村庄属于杨青巡检司管辖。巡检司就设在天津城外的双庙街。清代时，驿站在杨柳青药王庙设分司。巡检司所在的胡同被称为杨青司胡同。到20世纪末，该胡同还在。红桥区对该地平改后，现为康华里小区。

杨青水驿匾为红桥区平改后民间所藏；经拍卖为天津邮政博物馆所得，现藏于该馆。

杨青水驿匾（收藏于天津邮政博物馆，冯立拍摄）

天泉法师塔

天泉法师塔在杨柳青镇南，也就是现在的元宝岛中部，柳口路西侧。该塔共两座（一说3座，后倒塌1座），以青砖垒砌呈六角形阁楼式的实心塔，通体分两层，全高约8米，各角边长1米。底基于0.7米以上转为塔身，两层均在2米处出边檐，并于塔角筑出盘子、平草砖，上托蝎子尾。在第二层齐顶处，塔角均砌有砖雕雀替，塔顶盖筒瓦，各角归拢至中央，以葫芦封顶。

塔是为明代崇祯年间正一派火居道士、玉皇庙第一任主持天泉法师所建。传说，崇祯十六年（1643）天泉法师曾经给时任天津总兵周遇吉献计，击败入寇直隶、山东的清兵。清顺治十七年（1660）天泉法师坐化，与其妻葬于庙东南侧下坡，人们建两座墓塔纪念。《津门保甲图说》中标明了该塔，但其标示的塔的形状、数量皆有误。

中华人民共和国成立后，杨柳青修营建路，路从二塔中间穿过。1959年，二塔被拆毁。天泉法师塔属于罕见的道士塔。

杨柳青天泉法师塔旧影（取自《天津商报图画半周刊》1930年第1卷第33期）

天泉法师塔（冯中和根据《天津商报图画半周刊》照片结合回忆绘制）

泰山庙

泰山庙位于杨柳青镇供水站胡同，建于明代宣德乙卯年（1435）。供奉碧霞元君即泰山娘娘，以及眼光、送子等诸娘娘和瘟痧痘疹诸神，故又称娘娘庙或奶奶庙。本来是道士眷属的居住地，直到清同治年间“泰山行宫”由尼姑接管。1956年，泰山行宫打了饮水机井，遂改为供水站，现为民居。其大殿保存完好。

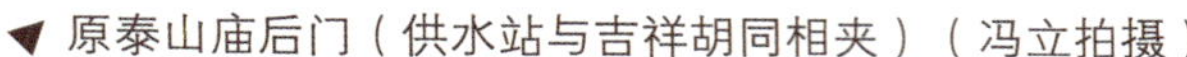

◄ 原泰山庙后门（供水站与吉祥胡同相夹）（冯立拍摄）

► 20 世纪初时的泰山庙大殿原址（冯立拍摄）

▼ 泰山庙大殿精美的瓦当（冯立拍摄）

杨柳青的“状元府”——“石马张”旧宅

“状元府”位于杨柳青镇河沿大街，坐南朝北，正对原大寺胡同南口，为杨柳青最早的豪宅大院。初为明御史中丞张愚家所有。由于张愚墓在杨柳青，且规格很高，多石人石马，故杨柳青人称其家为“石马张”。据说他家出过会元，故其宅被称为“会元府”，百姓误传为“状元府”。院中有戏楼，但建筑年代较早，不如石氏等宅院讲究，墙为砖包土结构（即外面是砖，里面是土坯）。解放后为军队招待所、军属大院，后于 20 世纪末旧镇改造中被拆除。

“石马张”旧宅外景（西青区档案馆提供）

杨柳青的“状元府”——“石马张”旧宅址
（西青区档案馆提供）

“石马张”院内小门
（西青区档案馆提供）

西关帝庙

西关帝庙坐落在七街卍字会胡同与猪市大街交口处，直对乔家疙瘩胡同。始建于清顺治八年（1651），原为本镇典当业之山西会馆。庙分前后两个院落，有房百余间。山门高大，有一副楹联“香炉一焚思汉鼎，花开三月想桃园”，横批为“亘古一人”；门心左右分别书“精忠贯日月”“义勇震乾坤”。上修戏台，形式与药王庙戏台略同。殿前有月台。殿内塑关羽坐像，两旁立周仓、关平；西壁——赤兔马，头南向，乃关羽坐骑。一马童牵缰扶马背而立。东配殿供财神，西配殿供日月二神。

咸丰三年（1853），山门、戏台楼及街前牌坊、两旁房舍30余间遭焚，前院仅存殿宇，后重修。光绪二十六年（1900），八国联军曾在院中设马厩。庙僧圆真（俗家姓石，大梁庄人）居后院屋中，数月不出。敌撤后复出，人称为神。后收徒弟4人，即广来、广顺、广亮、广明。农历正月十五，关帝乘绿轿出巡观灯；五月十三，为老爷磨刀日；六月二十四，为庙会日。清末，兴废庙兴学之潮。宣统二年（1910），在西关帝庙成立天津县民立第十三初等小学堂，清翰林、杨柳青人杜彤任校长。翌年（1911），在后院成立天津县民立第五女子小学堂。新中国成立后，为杨柳青第一完全小学，历时几十年。今已拆迁，原址建时代豪庭小区。

照片为20世纪40年代之影像，中间作为教室的高大建筑即为原西关帝庙大殿。

20世纪40年代的西关帝庙大殿（周杰提供）

20世纪40年代的西关帝庙大殿（周杰提供）

东关帝庙

东关帝庙坐落在原四街齐家大场南口，游德水局北口，始建年代不详。明天启三年（1623），本镇高恩玉重修。殿内塑关羽神像，前复有一木像为迎神赛会游巡之用，该会为杨柳青民俗盛事。旧时，杨柳青分属天津县和静海县，故同一神祇的庙宇多为两座，分称东西，关帝庙就是东西两座。西关帝庙改为学校后，杨柳青就仅此一座关帝庙了，故曾兴盛一时。后天齐庙改为学校，其十殿阎君木像及碧霞元君等亦迁入此庙。庙西院腾出两间僧房供碧霞元君等娘娘像，十殿阎君则环列关帝木像座后，民国时曾两度重修。抗战时期，此庙曾作为公立小学校，后改为育青中学（杨柳青一中前身），解放后被清洁队占用。关羽木像被封存在游德水局旁的小屋（杨柳青百货大楼旧址西南角），后于 1968 年被红卫兵焚毁。

东关帝庙旧影（取自 1941 年出版的《天津县第三区杨柳青镇概况书》）

准提庵

◀ 准提庵的砖雕（冯立拍摄）

▼ 建于清康熙年间的准提庵（冯立拍摄）

准提庵位于杨柳青镇西部利民大街（旧称“准提庵大街”）北侧，形成于清康熙年间，它周围的街道、胡同多形成于清乾隆、嘉庆年间，历史悠久。为津西八大家之一的董家施舍自家住宅成庙，无住持，董家后人世代看守。清末时成为胜舞老会练武场地，同时也是大同水局所在地。胜舞老会会众平时练功，有火情时救火，后该院成为村委会老年活动中心。

准提庵原有坐北殿堂三楹，供奉木雕贴金十八手准提菩萨，刻艺精致。山门涂朱漆，配以铜色角门环，肩墙磨砖对缝，建筑风格似北京八旗世家，很有特色。山门两侧原有石枕，是元代文物，今已不存，以石头狮子代替。旧时的杨柳青曾有三四十座寺庙，但时过境迁，如今杨柳青保持完好的只有这一座准提庵了。

正安堂老公所

杨柳青镇十街有条老公所胡同，胡同口有座青砖拱门，高 4.27 米，古朴淡拙，风格素雅，上砌花檐，门额正面用八达码和混珠镶有青方砖匾额，砖上刻隶书“正安堂老公所”六字，旧时六字刷有红漆，20 世纪 90 年代时已经褪色。门两侧有砖柱。到 21 世纪初，其中右侧砖柱子已有部分严重损坏，门额左侧也被烟熏。门额背面砌橘子花瓦花。2017 年，该拱门被拆除。

此胡同因旧时有“正安堂老公所”坐落其中而得名。胡同中的 6 号院就是理门正安堂的遗址。由于理门另一个支派五方派的发源地——积善堂公所——已经完全没有了遗迹，这里便是现存的建立最早的理门公所遗址了。

2004 年，正安堂老公所胡同门楼（冯立拍摄）

老公所胡同 6 号院内景（冯立拍摄）

正安堂老公所遗迹——中国最早的民间禁毒组织理门发祥地之一，杨柳青的唯一理门遗迹（冯立拍摄）

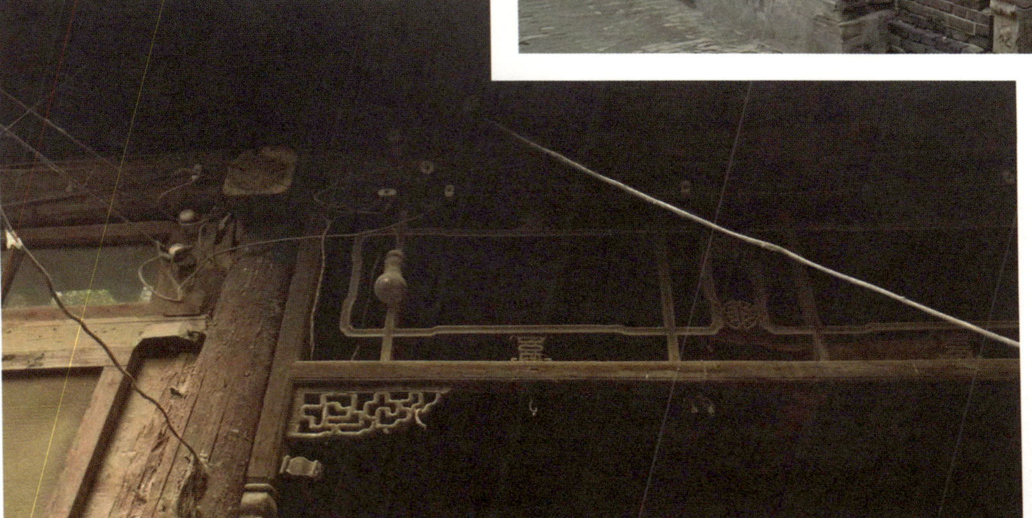

▲ 老公所胡同 6 号院（冯立拍摄）
◀ 原正安堂佛堂木雕（冯立拍摄）
▼ 老公所胡同 6 号院正房，原正安堂佛堂（冯立拍摄）

20 世纪 80 年代修复前的普亮宝塔（西青区档案馆提供）

20 世纪 80 年代修复后的普亮宝塔（西青区档案馆提供）

普亮宝塔

普亮宝塔位于杨柳青镇东南，为密檐式加覆钵式结构砖塔。塔高约 12.5 米，由基座、塔肚、塔身 3 部分组成，建于清嘉庆八年（1803），是座极为罕见的道士塔。为杨柳青民间传奇人物、西大乘教首领、东寓法鼓老会创始人于成功（民间称“于五爷”）墓塔。20 世纪 80 年代中期，由西郊区（今西青区）文化局牵头，结合民间资金对该塔进行了大规模维修。2013 年，民间再次集资对其进行了维修。

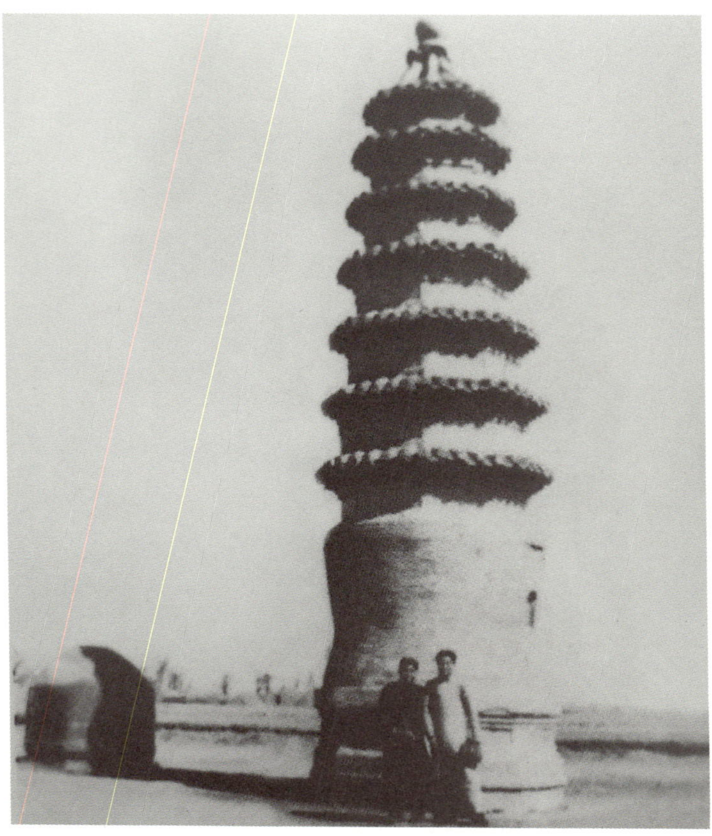

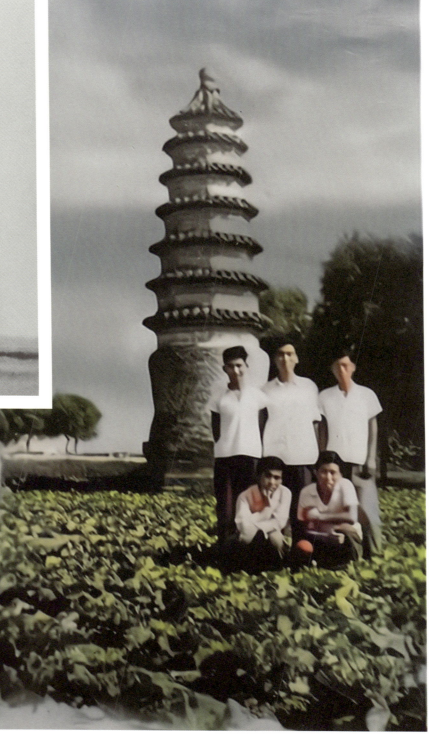

▲ 20 世纪 30 年代初的普亮宝塔
（西青区档案馆提供）

► 20 世纪 50 年代的普亮宝塔
（冯宗旺提供，冯立彩化）

白滩寺

白滩寺坐落于杨柳青镇北子牙河北岸村西头前约两百米的河滩内，建于清嘉庆末年。据传本镇高氏祖先曾在子牙河渡口当船夫，并在河滩种麻得利，购买了附近土地数十顷，家业逐年兴旺，为答谢麻神而修此庙。

该寺坐北朝南，建有前殿、后殿，周围筑土围墙，无山门。殿前有一座白塔，故俗称白塔寺。寺内供一尊汉白玉石佛，佛前有一鼎石香炉。寺的周围都是一搂多粗的柳树。寺的两边原有两块八仙桌子大小的石板，记载着建寺和重修的时间。寺前四五米处分别竖立着两根红色旗杆。前殿有6扇门，3棵红色大明柱。前殿的东南角有青砖红顶二层塔形建筑，高16~17米，底座约3米，东、西、南三面有门，上部为圆形塔身，塔顶直径约1米，高约1.2—1.3米，底圆上尖，塔的顶端为红色江西瓷，俗称“傻爷塔”。前殿大门上方有黑底白字“白滩寺”匾额。殿正中供有白色玉质菩萨坐像一尊，称为白玉奶奶，端坐于粉红色莲花宝座之上。佛像前有直径约半米的铜磬。殿内栏杆循墙而设。东、西墙靠北侧各开约1米高的侧门，北墙于佛像前两侧各开六七尺的侧门；两圆圈门正对后殿两个不足1米高的小门。寺内的顶子均为青瓦，眺脊都是雕刻的屋脊六兽。后殿为半圆形二层楼，南墙为直墙，殿内无窗。

据说，后殿原为沤麻大坑，杨柳青四大家之一的周家安庆堂将垛着麻秆的大坑围了起来，修了后殿。当时，人们行至后殿小门处，可感阵阵阴寒之风，故很少有人进入，当地人有“前殿是庙，后殿是洞”的说法。每年春节和庙会（农历四月初十）期间，坐落于子牙河岸的曹家饭铺主人在杨柳青镇至白滩寺的路两侧，每隔三四米放盏玻璃方灯，并雇专人为灯添油。平时在明三暗九的屋子存满了灯。庙内香火由天津市内一位人称李善人的出资购香，并雇人称李大脚的掌管。

白滩庙会非常热闹。农历四月初十，寺的周围高搭席棚，两根旗杆上挂满了红绿方灯。镇内经堂庙20余名尼姑来此操持庙会。届时，方圆百里的人们或步行或乘船或搭车来此进香祭拜。各地的吹歌会、法鼓会、香塔会，从水陆源源而来，举办音乐佛事。庙会期间，卖艺的、摇茶碗的、押骰子宝的、拉洋片的、乞讨的，都聚集在寺周围，可谓人流如潮，热闹非凡。解放前，白滩寺被国民党军队占用，佛像被挪到他处，后遗失。庙也被毁，留下的只有几段传说。

白滩寺旧影（日本“华北交通写真”公布，冯立彩化）

裕德堂

裕德堂位于杨柳青镇原大寺胡同 17 号，为石家二门正廉堂石宝庆的长子长孙石作辑于清光绪年间所建。民国初年，其主人石筱亭以四十两黄金卖与新疆归客高孝臣，新中国成立后该院曾为教师宿舍。

该宅院建筑为杨柳青石氏各宅中最为精美者，其门额品级图、石鼓皆为艺术精品。20 世纪末，该宅院在杨柳青拆迁中被拆。所幸，门额品级图在 1991 年区文化局的砖雕征集工作中被收藏于石家大院。

► 20 世纪 80 年代的裕德堂（西青区档案馆提供）

▼ 裕德堂门楣上的品级图局部（西青区档案馆提供）

20 世纪 90 年代的裕德堂大门
（西青区档案馆提供）

怀德堂

怀德堂位于杨柳青镇原河沿大街东端，戴家实胡同和建隆胡同之间，坐北朝南，为两进四合院。为杨柳青石氏二门正廉堂下分出的小门。著名导演、演员石挥即出生在此。1915 年，石挥的父亲石绍廉迫于生计，将此宅院连同家具及部分土地卖掉，全家迁居北京。后来此宅曾用作杨柳青第二中学校舍、民居等。

怀德堂外景（西青区档案馆提供）

大影壁

大影壁位于杨柳青镇原大寺小胡同，建于清光绪末年。为卸任扬州知府石作桢在其住宅后大街承德堂门前所建。其上砖雕就有近 40 处，极为精美。本来计划建造的规模更大的牌坊，但石家用 100 块龙洋强拆了相邻的刘一刀肉铺房。刘一刀妻子受惊吓而死，刘本人也因此疯癫。石家不愿再得罪邻居，于是缩小了牌坊规模。20 世纪末，大牌坊被拆除。

◀ 大影壁近景（西青区文旅局文保所提供）

▼ 原大寺小胡同的大影壁（西青区文旅局文保所提供）

周家大院

周家大院位于杨柳青镇猪市大街，坐南朝北，正对原卍字会胡同南口（该胡同已拆除，今为时代豪庭小区）。本为给扬州知府石作桢卸任回乡所建宅院，故杨柳青人称其为知府第。1920年，该宅院卖给明靖难之役中的著名忠臣周缙后人，故称周家大院。新中国成立后，该大院为军属大院。院内曾有部分房屋用蓝花瓷砖铺地。该瓷砖为法国宫廷御用，后运来天津两船，部分为石家购得，为该院一大特色。1984年，珠江电影制片厂曾以周家大院大门为背景拍摄故事片《瓜棚女杰》。

► 20世纪40年代的周家大院内景（周杰提供）
▼ 周家大院（宫桂桐拍摄）

董家大院

董家大院大门（宫桂桐拍摄）

董家大院位于杨柳青镇中心猪市大街中段，曹家胡同北口东侧，东姜店胡同斜对过。该院面积较大，砖雕、木雕都十分精美。该宅院为裕盛号董兆荣建于光绪三年（1877）。新中国成立后曾作为杨柳青镇政府（人民委员会）使用。1958 年，杨柳青大学落户该院，又于 1959 年停办。20 世纪七八十年代曾为商业局幼儿园，后为民居。

董家大院内景（冯立拍摄）

董家大院外景
（宫桂桐拍摄）

八字随墙门

八字随墙门是一种很有特色的门，其台阶既不占用胡同的面积，而门又开阔。这种门在江浙地区能见到，但北方地区极为少见，而在杨柳青这种形式的门则较多。

杨柳青独特的八字随墙门（冯立拍摄）

“吉聚成”米面铺旧址

“吉聚成”米面铺旧址位于杨柳青镇河沿大街，坐南朝北，在“石马张”旧宅东侧。吉聚成为杨柳青著名米面铺。新中国成立初期曾为同兴制粉厂，后为民居。院内有精美福字砖雕。20 世纪末旧镇改造时被拆除。

▲吉聚成砖雕（宫桂桐拍摄）

►杨柳青“吉聚成”米面铺旧址
（西青区文旅局文保所提供）

药王庙

药王庙位于药王庙前大街与后大道交口西北。始建于明万历二十一年(1593),后经数次重修,占地约八千平方米。由于杨柳青旧时是重要的药材集散地，所以药王庙成为当年杨柳青一带颇具影响的大型寺庙之一。

药王庙正殿有九间，东西厢殿各有三间，配有山门、戏楼、牌坊等精美的建筑。正殿三个门的上方分别高悬“佑我黎民”“妙手回春”“万代医宗”三块匾额。殿内供奉一丈五尺高的轩辕黄帝。彩色塑像，冠带冕旒，手执七星板。两旁是唐代二药王孙思邈、韦慈藏的塑像。东西为十大名医，即东面的岐伯、雷公、扁鹊、淳于意(仓工)、张仲景，西面的华佗、王叔和、皇甫谧、葛洪、李东垣。

大殿神像前是一丈余长的大供桌，上有香炉、香筒、烛扦、灯碗、大磬、磬上铸有“大明万历二十二年制”字样。桌后两把木椅上分别供有药王、药圣两位金面木雕神像，四肢均能活动。它们身着黄袍、玉带、朱履，每逢庙会之时，乘坐轿辇出巡。左边是尊为药王的刘完素(民间称疙瘩爷),右边是药王的弟弟药圣。

在殿门抱柱上有木刻楹联一副：

援之以手，如见肺肝，是乃仁术也；

泽加于民，几无疾病，与为圣人乎。

东配殿供“蚂蚱神”。有人将此殿认作独立一庙，称腊神庙，农历腊月要在此祭全神。殿门上有一副对联“一天新雨露，万古老禅林”，横批为“佛法无边”。内室门口也有一副对联“有僧皆佛印，无客不东坡”。西配殿供奉一位身着红袍的木雕增福财神像。门口的一副对联为“仁术参天地,神功贯古今”。民国时,该殿改为“安氏私立学校”,木雕神像被请至他处。

药王庙的正殿前有一宽大的月台，作为药王出巡时停放轿辇、仪仗执事之用。殿前一排木栅栏，与旧时署衙相似。内设钟鼓。这一景观在其他庙宇中少见。

殿门外有两根铜顶大红旗杆,甚为显赫。每逢农历初一、十五或庙会之日，白天可见旗杆上各挂一幡，左右分书“敕封药王”“敕封药圣”。及至晚间，换挂红色串灯，每串

杨柳青药王庙旧影(取自《天津县第三区杨柳青镇概况书》)

约二十个，人称“蜈蚣灯”。

山门的左右边有小门各一，外有神路。山门门洞有六大间，上建戏楼，与正殿相对应。戏楼的前台约五十平方米，出入两门，上场门书“出将”，下场门书“入相”。戏楼上悬一方匾“歌舞丹慈”，蓝匾金字，为清乾隆年间本镇名士乔耿甫所书。戏楼两侧一对联曰：

金榜题名虚富贵，

洞房花烛假姻缘。

药王庙会最为热闹，有花会表演、水局设摆和戏剧演出。当年参加庙会花会表演的有 70 多道，由扫垫会统一安排和管理。每年农历四月二十三开庙门后，先由平安水会、大乐、法鼓等会伴随药王、药圣二神像在月台上设摆，受香火，然后到当初供奉木雕神像的养船户戴、赵两家，接受洗脸除尘礼，称为“回娘家”（或称“外家”）。在平安水局高搭彩棚，设摆香案为药王“神浴”。待药王、药圣除尘净面仪式结束后，再接受善男信女们的礼拜。

农历四月二十五清晨，由万善老会的一些士绅带领鼓乐队伍以及旗锣、伞扇执事人等，来到运河岸边迎接由天津八大家中的振德王、益德黄两家的神轿老会，还有仪仗执事和天津县衙搬请的八班轿夫等。下午两点，所有的花会都聚集在药王庙门前。这时先把轿辇抬进药王庙正殿，由袍带老会为药王、药圣两神像更换黄缎蟒袍、珠冠、绣履；然后焚香请驾到大月台上设摆，接受各道花会朝圣（拜庙）；朝圣后，各道花会陆续将各自的绝技展示一番，接着开始排会，各会进入会道进行踩街、拜客等仪式。

行会时，由扫垫会开道，大乐、跨鼓、十不闲依次跟随，压阵的是神教老会。还有香塔老会进行“跑落”表演。各道花会行会时，以估衣街为主要会道。街道两侧早已搭好看棚，人们在棚内迎候花会到来。

农历四月二十六适逢杨柳青大集，道路拥挤，不便大型排会，故由各会拜会、拜客。农历四月二十七是正式的迎神赛会之日，所有花会从下午两点开始排会，一直表演至二十八凌晨，天亮进驾，将药王、药圣神像请回原位，由袍带老会为二神像换上原来的袍履，再在庙会接受一日香火，至下午酉时，庙门关闭。至此，历时四天的花会表演和庙会宣告结束。

清末民初，各地兴起了毁庙兴学热潮。直隶总督袁世凯派周学熙创办实业，向四郊招募徒工，进行培训，就在药王庙西配殿设立了民立第三艺徒学堂。袁世凯死后停办。又先后成立女子小学堂，但时间很短就搁浅了。1920 年，杨柳青赶大营的先驱安文忠捐资万元，办了“安氏私立小学”。1948 年秋末，国民党军队拆毁庙中山门及戏楼，用所拆下的物资修补庙北城壕建碉堡。工程未及竣工，杨柳青即告解放。

解放后，大殿中的神像被搬出，所挂大匾及殿中木料，均改制成小条凳，作为临时礼堂。天津专区中苏友好协会成立大会即在此举行。后又改作电影院。20 世纪 50 年代初，安氏私立小学改为第二完全小学，政府投资进行了大规模改建，庙门大墙及庙中所有建筑全部拆除。至此，药王庙徒有其名了。

药王庙牌坊

药王庙牌坊位于原药王庙前大街，与药王庙皆始建于明万历二十一年（1593），后几经重修。它是一座雕梁画柱的三进门牌坊，高约一丈五尺左右（抱柱台高一丈二尺）。中间一大门，两个抱柱台上各有一门。牌坊心柱顶花上悬一块匾额，正面正中书写的是“保元寿世”，左边是“调元”，右边是“赞化”；背面正中书写的是“寿国寿民”，左边是“医宗”，右边是“丹圣”。正面匾额原为“法传素问”，后杨柳青镇石氏天锡堂石元熙之长子石作云为其母还愿送匾，才改为“保元寿世”。

由于历史悠久且做工精美，药王庙牌坊与文昌阁、西关帝庙戏楼合称杨柳青三宗宝。1948 年，毁于国民党溃军。

原位于杨柳青药王庙前大街的药王庙牌坊旧影（取自《天津县第三区杨柳青镇概况书》）

大王庙

大王庙位于杨柳青镇西十四街运河北岸白衣庙前胡同，和白衣庙建在一处。约建于元至元年间（1264—1294），曾于清光绪二十二年（1896）重修，是杨柳青建造较早的寺庙。

据传，来往于南运河的船只在此抛锚，偶见岸边一蛇，方头万字，船众称为“金龙四将军”，即敲锣聚众，以茶盘铺红布承之，放在船中央几案上焚香膜拜。两天后，蛇爬走。船众乃集资修大王庙。由道士住持。后与白衣庙合建一处，布局严谨，建筑宏伟，传闻颇多。

两座庙的建筑虽浑然一体，但其山门却分别修建。西侧是白衣庙门，建筑一般，门楼略大于百姓家的大门。而东侧大王庙门的正门却别具一格，山门半圆形，类似北京北海团城，前有牌坊。山门上歇山为顶，拱木为横梁，四面飞檐，挂铃铛。为金元风格。山门下都是砖石结构，拱形大门，三级台阶，大门上方砌长方形匾状砖雕，刻有“大王庙”三个大字。庙前广场东西两排两个高约五丈的大旗杆，底座砖砌方台。每逢年、节开庙门之时，上挂旗子和红色

白衣庙、大王庙前的旗杆须弥座（冯立拍摄）

串灯，夜晚点亮燃烛，宛如两条火龙。

院内东西并排两座正殿，坐北朝南，西殿是白衣庙，东殿是大王庙，两边各有配殿三间，院中有三棵百年古槐，参天蔽日。两殿月台下分别立着两块石碑，其中白衣庙的碑额上饰有纹雕，下设石座，碑的正面刻有志文和捐资修庙的人名。两殿之间有一条六尺甬道，通向后院。后院内有正房禅堂三间，东西配有厢房和便门。观音殿和大王殿的建筑格局相似，殿座高约三尺，殿前是月台，殿宽五丈，进深三丈，前廊后厦，红漆明柱，格扇门窗，有楹联、匾额、雕梁画栋。殿脊排列屋脊六兽，两端各有一只传说中的猛兽，脊顶中央设有姜太公之庙上庙，蔚为壮观。

大王庙的修建与运河的漕运密切相关。明清两代，南运河是调运官粮物资、商贾往来的主要水路交通航道。杨柳青不仅是船只的必经之路，而且是驻船的站地。本镇船户明末已达五百户，清代船户人口已占全镇人口的四成。人们盼望船行平安，因此修建了大王庙。每年三月开河举办庙会，由船户集资在庙外搭台唱戏三日，拜佛烧香，祷告神灵护佑。

庙内供奉三位大王木像，中间是金龙四大王，左边是龙王的姑爷，右边是张爷（也有说大殿供奉真武大帝的。估计是年代久远，传说有误）。正中悬挂一块特制大匾，从正面看上书“海不扬波”，但从两侧斜视分别变为“安澜息壤”和“水分五色”。座台下供桌上摆着全套香炉、蜡扦、大磬等。两廊站立托塔天王、二郎神及掌管行雨的天将。供桌上摆放着一只高不过三尺、宽不过二尺的盒式木龛，龛内放着一具盘形干蛇，传说是“大王化身”。

据老人们讲，清末的一年春季大旱，麦收前南运河又忽然涨水，船户们都到河边观看水势，忽见有一异形小蛇浮在水面，破浪顺流而至。船户们认为是大王引水而来，便把蛇请回制龛供奉，并开庙会诵经三天。后有道人说蛇已退化而去，因而遗蜕留下来。这便是干蛇的由来。此外，

杨柳青大王庙外景旧影（取自《天津县第三区杨柳青镇概况书》）

殿内还陈设着一套精雕细琢的木船模型，做工非常讲究。船的中央有船楼，四面格扇门窗透丝过梗，能见船楼内摆放的桌椅、桅杆和精致的布帆、绣龙的旗帜。船上一切用具样样齐全，是一件独具匠心的精美工艺品。这套木船模型是清末至民初期间船业工会制造的，会头是杨柳青一个养船人尚七爷。据说，他在北运河一次航行中遇大风船沉没，因此许愿，每年除夕在大王殿中守香火一夜。民国十年（1921），东关帝庙东配殿新塑大王像，尚七爷因腿脚不方便，仍在东关帝庙继续守香火，直至本镇沦陷时亡故，可见其对大王的虔诚。白衣庙与大王庙院内的东配殿，原先是船户头领们议事的地点，供奉着一些小型的神佛塑像。此殿在民国以后，随着杨柳青拆庙办学的风潮，在 20 世纪 30 年代改为公立小学。西配殿供奉狐、黄、白、柳、灰五大家仙，没有偶像，在后墙上修了五个拱形洞，里面贴着身着清朝官服的画像。此殿在日本占领时期改作警察所，国民党时期辟为教室。后院禅堂内设香案供奉着铜像，是住持诵经、居住的地方。东西厢房为库房或膳房。

1942 年，大王庙改为杨柳青私立小学分校，庙遂逐步废弃。

佛爷庙

佛爷庙位于十六街运河南佛爷庙胡同东侧（今元宝岛东部），文昌阁之东。该庙始建于清乾隆四十四年（1779），殿三楹，为土木结构，位于运河南堤下。道光年间的一次水灾将庙冲垮。咸丰八年（1858）重修时，该庙被移入佛爷庙胡同，并将报恩寺（大寺）被毁时残存的砖瓦木料及铜像移入此庙，建成大殿，院内有汉白玉石碑一座，无碑文。因光绪年间考中进士被授翰林的杜彤之祖坟在此处，又加上其西侧为文昌阁，故被堪舆家称为“文笔玉印”，认为该处系风水宝地，殷实大户纷纷来此买地建坟。

此庙大殿殿额为大雄，供奉横三世佛，即释迦牟尼佛、药师佛、弥勒佛三座铜像，皆一人高。旁立持蛇泥塑神像。据说，三铜像与五台山某寺佛像完全一样，故旧时佛爷庙有“下五台”之称。后庙废弃，铜像于20世纪50年代作为废品炼化。

杨柳青佛爷庙北殿旧影（位于今元宝岛）（取自《天津县第三区杨柳青镇概况书》）

福寿宫

福寿宫是著名道教宫观，位于今西青区西营门街小稍直口村。始建于明弘治年间（1488—1505），占地面积三千余平方米，其主体建筑是大殿三进，主殿面阔五间、进深两间，系楼阁式重檐歇山造。主殿供奉三清，中殿供奉玉皇大帝，前殿供奉着观世音菩萨、碧霞元君、眼光娘娘等。最奇特的是在这座道教宫观东南方向还建有三座单体的高大喇嘛塔。1913 年 11 月，天津成立中华民国道教总会天津分会，该宫主持刘姓道士甫任中华民国道教总会天津分会会长职。民国初年，在天津市著名教育家、书法家严修首倡之下，将福寿宫内空闲房屋改辟为天津县民立十二两等小学堂，并亲自予以题写校名。嗣后，严修辞世后便葬于福寿宫附近。旧时，每逢农历的三月初，在这里要为王母娘娘寿辰举办蟠桃会盛大庆祝仪式。1947 年底，该宫被国民党军队拆除，其部分砖、石、木材等被运到天津市里构筑防御工事。新中国成立后，有原属福寿宫的铁吼两尊，被国家搬移至天津市人民公园公开陈列。20 世纪 90 年代初，福寿宫遗物，包括柱础石、经幢、石望柱、石旗杆、石牌坊构件等尚存。

▲ 西营门街小稍直口福寿宫（西青区档案馆提供）

► 小稍直口蟠桃宫（即福寿宫，取自《冀察调查统计丛刊》1937 年第 3 卷第 2 期，冯立彩化）

杨柳青画店旧址

杨柳青是杨柳青年画的家乡。新中国成立后，各级政府高度重视杨柳青年画的传承和发展。1956 年，互助组在杨柳青镇文化馆的协助下成立了杨柳青和平画业生产合作社。社址在运河北岸的河沿大街一号院。1958 年，天津荣宝斋与杨柳青和平画业生产合作社合并，并于 1959 年改名杨柳青画店（即杨柳青画社），由原址搬到运河南岸的十六街和平大街一号院。该址原为津西八大家之鼎兴张家长门之宅，建于清末，后曾为花纱布公司。1960 年正月初三，周恩来总理曾来此视察。同年 5 月，杨柳青画店迁往市内，原址改作杨柳青年画工厂。

► 杨柳青画店旧址（西青区档案馆提供）

▼ 1939 年，杨柳青汽车站车票代售点。前面建筑为鼎兴张家长门，1958 年成为杨柳青画店所在地（日本“华北交通写真”公布）

杨柳青老火车站

杨柳青老火车站位于现在的杨柳青火车站候车室西侧，青沙路北端，建于清宣统二年（1910），是年 11 月 20 日通车。老站房为砖混二层、德式风格建筑。2007 年，被列为“天津市十佳不可移动文物”。老站房一直使用到 20 世纪 80 年代初。1980 年，杨柳青火车站新建候车室及服务设施，即现在使用中的杨柳青火车站。

◀ 建于清宣统二年（1910）的杨柳青火车站旧影（西青区档案馆提供，冯立彩化）

▼ 建于清宣统二年（1910）的杨柳青火车站（西青区档案馆提供）

河淀旧影

运河、东淀，滋润出一脉斯文。

白鱼紫蟹，柳岸长汀，欸乃声声连接起北国与江南。

这水乡，就是我们的家乡。

南运河杨柳青段

南运河又称御河，原为古老河道，后经人工开凿，为京杭运河的一部分。南运河南起山东省临清市，流经德州，再经河北省吴桥、东光、泊头市、沧县、青县入天津静海，又经西青区（辛口镇、杨柳青镇、中北镇、西营门街）入红桥区，流经红桥区南部，至三岔河口与北运河会合后入海河。全长509千米。

隋大业四年（608），重修永济渠，基本上利用曹魏时旧渠。因沁、淇两河合于卫，又得名卫河。因隋炀帝乘龙舟沿永济渠抵涿郡，故又名御河。金泰和五年（1205），疏通永济渠，运河改道柳口（今杨柳青）。

杨柳青段的南运河自前园村入境，穿过杨柳青镇南部，过境长约8.45千米。旧时，南运河是杨柳青重要的交通渠道和水源。杨柳青的发展与南运河密切相关。1951年，由于挖独流减河，南运河被截断，水源逐步减少。1972年，镇内河道裁弯取直，挖郝家嘴至三官庙对河一段，与旧河道所围地区今称“元宝岛”。20世纪80年代，旧河道填埋，建带状公园。21世纪初，重新挖通旧河道，形成运河景观带。

南运河杨柳青旧影（西青区档案馆提供，冯立彩化）

▼ 1949 年 1 月，东北野战军在杨柳青南运河上进行攻城演习（西青区档案馆提供）

▲ 南运河杨柳青旧影（西青区档案馆提供，冯立彩化）

◀ 南运河杨柳青旧影（西青区档案馆提供，冯立彩化）

春杨桥

春杨桥为 1944 年冬在杨柳青南运河中渡口架设的木桥，1945 年 3 月建成。木桥建成后，伪保安队在桥头设岗，对过河行人进行检查。1945 年，日本投降后，国民党军仍在桥头设岗。1948 年 12 月 20 日，杨柳青解放。国民党军溃逃时放火烧桥。虽经军民合力扑救，但仍损坏。1952 年重修，1953 年修复，定名建设桥。杨柳青人仍习惯称之为老桥。1970 年秋，疏浚南运河，河口加宽，因桥面离岸，又年久失修，拆除。当时其为杨柳青南运河上唯一桥梁，是很多杨柳青人的难忘的记忆。

抗日战争胜利后，该桥改名为胜利桥，并在河北岸西侧桥头建石碑一座以为纪念，上镌“胜利桥”三字，碑头为国民党党徽，上款为“民国三十五年八月”，下款为“朱曼孙题”。碑文中所用年字为异体字“秊”。2000 年，西青区重新挖掘运河故道时，石碑被从河底挖出，保存于石家大院，后存于西青区文保所。

▶ 胜利桥石碑（冯立拍摄）

◀ 春杨桥旧影（取自《杨柳青木刻年画选集》）

南运河稍直口段

稍直口村是运河沿岸著名节点，清代这里曾设稍直口渡。明代诗人顾彦夫有《泊天津稍直口诗》：“名津稍直一舟横，野旷谁知夜几更。山月徘徊人独立，海天寥落雁孤鸣。河流东下烟波远，风阵西来草木惊。有酒欲斟斟不得，边防民瘼正关情。”可知，明代稍直口即为“名津”。这里稍直口的照片为著名历史学家、教育家邓之诚拍摄。

南运河稍直口段（邓之诚拍摄，冯立彩化）

西河闸

西河闸位于杨柳青镇北子牙河上。西河（子牙河下游天津段被俗称为西河）节制闸建于 1958 年 4 月，当年 10 月竣工使用，为大型一等水闸。西河船闸为非泄洪建筑物，位于西河节制闸的右侧。船闸上游有引河与子牙河相接，下游有引河与西河相接。西河闸西侧“柳叶岛”上有成片树林，俗称“小树林”，为杨柳青一景。

西河闸（西青区档案馆提供）

子牙河西青段

海河水系五大河之一，又称盐河，其自第六堡与大清河汇流后称西河。清初，当局设治河机构位于子牙村（属今大城县），子牙河以此得名。西南起自献县臧家桥滏阳河与滹沱河汇流处，向东北流经天津静海县、西青区、先后接纳南运河、大清河至红桥区新红桥汇入北运河，再东流至金钢桥西三岔河口入海河。全长约 173.5 千米。子牙河西青区段，西起辛口镇第六埠村，向北转东流经当城村、杨柳青镇等地，东至怡合村入红桥区境，长约 23.4 千米。沿河建有当城大桥、西河闸、津同公路子牙河桥、隐贤村桥、外环线桥等。

子牙河西青段曾经是沟通各埠的方便渠道。《天津杨柳青小志》记载："上流既多商贩运输，亦交通便利，玻璃河之石、顺德广平之陶、获鹿之冶、文安胜芳之鱼虾菱藕等，卖谷者、商旅者皆取道于此，以赴天津。"

《天津杨柳青小志》还记载：子牙河"水清性又急，每年立秋时例为涨溢，淹禾稼又不遽退，为害甚烈"。1963 年，子牙河曾出现特大洪灾，经军民抗洪，未造成水患。后经多年治理，子牙河水患平复，自然风光秀丽。

大清河风帆旧影（日本"华北交通写真"公布，冯立彩化）

大清河河口旧影（日本"华北交通写真"公布，冯立彩化）

▲ 大清河河口与子牙河合流点旧影（日本“华北交通写真”公布，冯立彩化）
▼ 杨柳青子牙河风光（日本“华北交通写真”公布，冯立彩化）
◀ 子牙河西河合处旧影（日本“华北交通写真”公布，冯立彩化）
◀ 西河旧影（日本“华北交通写真”公布，冯立彩化）

东　淀

东淀地处河北省霸州市及天津市西青区、静海区交界地带。大致范围在大清河以北，中亭河以南，子牙河以西狭长低洼地带。因地处西淀（白洋淀）以东，故名东淀。总面积 345 平方千米，西青区境内面积 28.47 平方千米。海拔 5.0 米，最低海拔 4.5 米。历史上是大清河滞洪区。新中国成立后，大清河上游兴建若干大中型水库。

历史上，东淀为津西著名湿地胜景。文人多有歌咏。如清代著名诗人樊彬《津门小令》：

津门好，
到处水为乡。
东淀花开莲采白，
北河水下麦翻黄，
潮不过三杨。

东淀内航路（日本“华北交通写真”公布，冯立彩化）

东淀旧影（日本“华北交通写真”公布，冯立彩化）

东淀旧影（日本“华北交通写真”公布，冯立彩化）

梦中里巷

无论岁月如何变幻，游子的梦总是回到家乡。

徜徉在那熟悉的街巷，眼泪打湿在枕上。

多想回到童年，再次穿梭于故乡的里巷。

菜市大街

菜市大街位于杨柳青镇中部，猪市大街西端北侧。南起猪市大街，北至后大道。西侧与药王庙东大街相通。长214米，宽4米，最窄处2.6米。相传于清光绪八年（1882）形成，因当时为本镇的主要蔬菜交易市场而得名。两侧居民住宅多为砖木结构平房。在菜市大街北部东侧，曾有坐南朝北的“三义庙”一座，始建于明崇祯四年（1631）。庙殿有三楹，庙台高筑，无山门院落。庙内主供刘备、关羽、张飞，另供有“疙瘩爷”、神荼、郁垒、关平、周仓等泥塑像。三义庙殿堂宽阔，泥像供桌仅占地面四分之一，夏季人们常在殿内纳凉避暑。庚子年（1900）初，义和拳乾字团大师兄刘德胜曾在此设坛，招收拳民排练被捕，后被救出。

菜市大街与猪市大街交口处（于培福拍摄）

菜市大街（冯立拍摄）

菜市大街南口（于培福拍摄）

猪市大街

猪市大街位于杨柳青镇中部，相传于清光绪年间形成。西起菜市大街南口，与席市大街相接，东至大寺胡同，与后大街相接。长 350 米，宽均 8 米，最窄处 5 米。昔日每逢一、六集日，四乡及本镇养猪户来此出售大小生猪，春节时更是遍布猪肉摊点，因此得名。旧时，猪市大街西段，玄帝观至泰山行宫二庙中间，每年农历腊月十一起，南乡炒米店、古佛寺及本镇等年画作坊，所刊印之木版年画，以及门神、灶王、全神像、春联，由负贩者趸来，张样于墙，任人选购，形成杨柳青年画市，为杨柳青镇之独特景观。今猪市大街仅存部分样貌，但仍保存着知府第、董家大院等历史风貌建筑。

猪市大街东段（西青区文旅局文保所提供）

猪市大街26号（盘香胡同四条南口）民居（西青区文旅局文保所提供）

猪市大街顺昌米号旧影（西青区文旅局文保所提供）

席市大街

席市大街位于杨柳青镇中部偏西，西起药王庙前大街，东至菜市大街南口，东与猪市大街相接。旧时每逢一、六集日，外乡人和本镇居民来此出售苇席和荆柳筐篮等，因此得名。旧时，席市大街是人们买卖杨柳青年画的集市所在地。画市位于席市大街的玄帝观至泰山庙（娘娘庙）中间，平时并无集市。每年农历腊月十一起，贩画者就把南乡炒米店、古佛寺及本镇等年画作坊刊印的木版年画，以及门神、灶王、全神像、春联趸来，把样画挂在墙上，以供人选购。此外剪纸、窗花、吊钱等节日装饰品也都集中在此贩卖，直至除夕晚间画市才收。这热闹的场面需要等到第二年再见了。

杨柳青最早的街市席市大街（金代）一隅（冯立拍摄）

河沿大街

河沿大街位于杨柳青镇中部，西起平安路，东至公立前大街，中部与药王庙前大街、光明路相交，南北两侧分别与建设路、光华路、大寺胡同相通。长1186米，均宽7.5米，最窄处4米。清道光年间绘制的《津门保甲图说》中即有该街道。因其靠近运河，故名。旧时，街道两侧有诸多商铺，许多小贩也来此摆摊设点，历史上曾是一条非常繁华的街道。20世纪末，该路东段被拆。

► 河沿大街 110 号民居，保存完好的广亮大门（西青区档案馆提供）

▼ 20世纪90年代，河沿大街石家大院南门（向东，宫桂桐拍摄）

◀ 河沿大街东段南侧门（戴廉增画店旧址，于培福拍摄）

▼ 20 世纪 90 年代，河沿大街石家大院南门（向西，于培福拍摄）

河沿大街中段民居
（宫桂桐拍摄）

河沿大街西段民居，中渡口附近，杨柳青极为少见的旧式小楼（于培福拍摄）

估衣街

估衣街位于杨柳青镇中部，西起与河沿大街交界处，东至大寺胡同，与前大街相连。长 252 米，宽 5 米，最窄处宽 4 米。形成于清嘉庆年间。旧时为杨柳青的繁华地段，多商铺。每逢一、六集日，街道两侧摊点以卖估衣的居多，故名。

1951 年，杨柳青工商界在估衣街、河沿大街、西当铺小胡同交口处抗美援朝游行（西青区档案馆提供）

估衣街与大寺胡同交口北侧的贾家楼（西青区档案馆提供）

后大道

后大道在杨柳青镇中部偏西，西起平安路，东至光明路，中与大寺胡同相交，南侧与药王庙前大街、菜市大街等相通。

清代，此道处于旧镇区北部边沿，多坟地、芦苇坑，只有少数居民，后有多户人家搬来建房定居，遂形成镇区最北的一条大道。杨柳青人习惯称南为前，北为后，故名后大道。该街道原有杨柳青影剧院、回民食堂、大众食堂、副食品商场、“七姐妹”食品综合商店等，曾是杨柳青最繁华、热闹的街道。后大道东端有杨柳青人俗称的“三不管儿”，据传为旧时天津县、静海县、武清县的交界，三县皆不管，遂成为杨柳青的繁华地段。该街东段于 21 世纪初旧镇改造中被拆除，今仅剩西段。

后大道西段（冯立拍摄）

后大道一隅（冯立拍摄）

大寺胡同

大寺胡同位于杨柳青镇中部，光明路以西，河沿大街北侧。南起河沿大街，北至新华路。中与后大道相交，东、西两侧先后与前大街、后大街、估衣街、猪市大街相通。是旧镇贯穿南北的主干道。最初形成于元代，本为一大水沟，后填平成为胡同。在其北端东侧曾建有报恩寺，为杨柳青修建最早、规模最大的寺庙。庙曾供奉铜佛百余尊，清代曾铸大铜佛五尊，据传与五台山某寺庙佛像一样，故又称下五台。该寺于清咸丰三年（1853）被焚。后居民在此建房定居增多，形成胡同。该胡同在明清时为天津县与静海县在杨柳青的交界。清末民初，杨柳青“津西八大家”多在大寺胡同周边定居，故该胡同多精美建筑。该胡同于 20 世纪末旧镇改造中被拆除。大致位置为今大院区东侧，现青远路南段。

大寺胡同与估衣街交口（宫桂桐拍摄）

◀ 大寺胡同中段民居旧影（宫桂桐拍摄）

▶ 20 世纪 70 年代的大寺胡同（西青区档案馆提供）

▼ 大寺胡同 15 号民居（日伪时期新民会旧址）大门（宫桂桐拍摄）

经堂庙胡同

经堂庙胡同位于杨柳青镇西部，南起药王庙东大街，北至后大道，长 110 米。因旧时有始建于明弘治元年（1488）的经堂庙而得名。清道光年间的《津门保甲图说》绘有该庙。庙位于中间，坐西朝东。民国时，在废庙兴学中，寺庙被辟为学校，后为杨柳青第二小学分校使用。经堂庙胡同还是曾为清皇室如意馆供奉的著名画家高桐轩的故居所在地。该胡同有一独特景观，即胡同中的青石板路。该路由 4 排长 1 米、宽 0.3 米、厚 0.2 米的青色条石铺砌而成。据记载，此路为杨柳青赶大营发家之李姓捐修。旧时的杨柳青街巷多土路，雨天泥泞，唯独这里干净、好走。如今，随着岁月的打磨，青石板已经变得光滑，没了棱角，但它记录了岁月，成为杨柳青古镇的活文物。

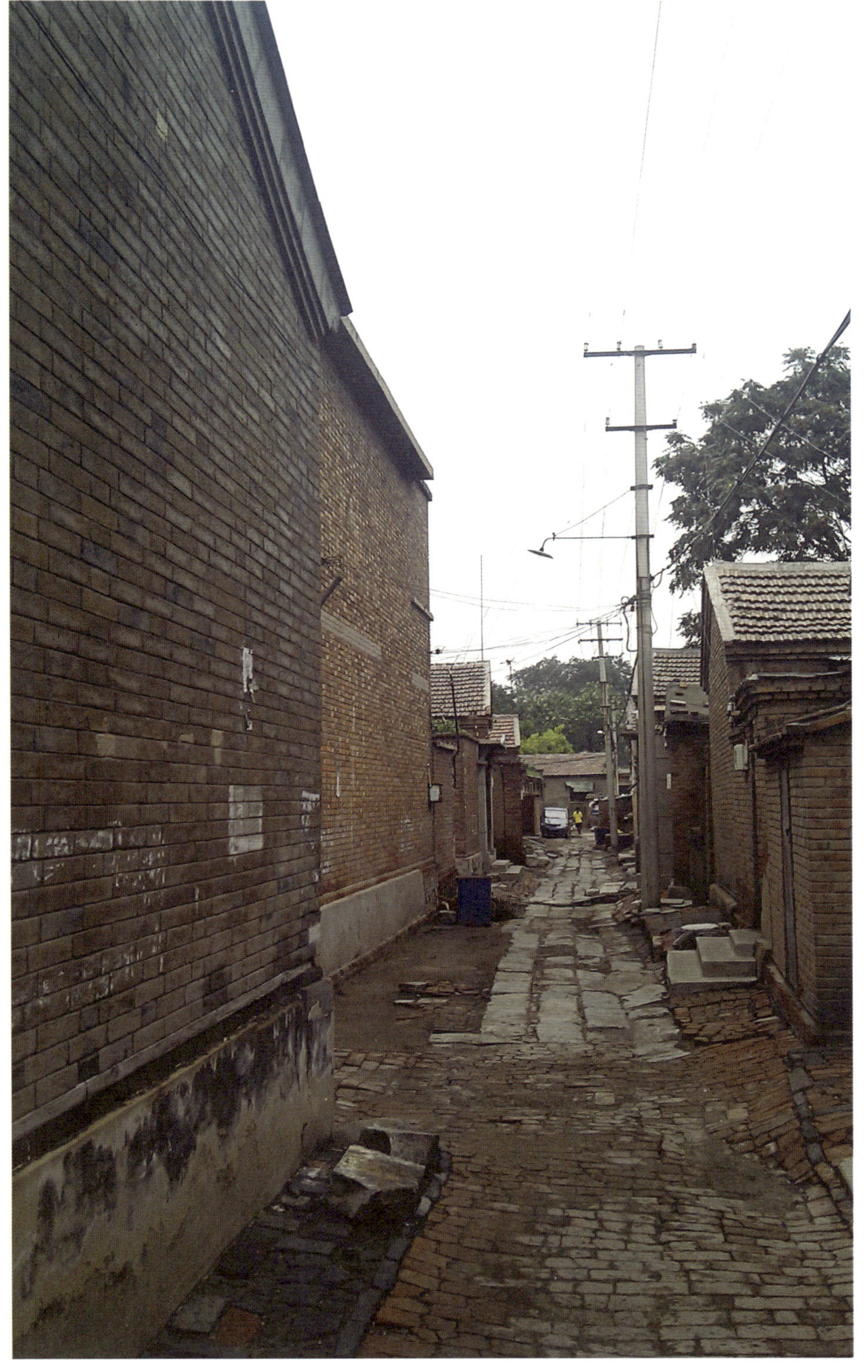

经堂庙胡同（西青区档案馆提供）

► 经堂庙胡同和它的青石板路（于培福拍摄）

▼ 经堂庙胡同北口（九街织带厂）（刘体洪拍摄）

戴家实胡同

戴家实胡同位于杨柳青镇中部，南起河沿大街，北侧不通。长 70 米，宽 2 米。胡同内住户多为“戴廉增”画店戴家族人，故名。相传形成于清乾隆年间。胡同对面，河沿大街的南侧为“戴廉增”画店八间倒坐门脸。该画店为旧时杨柳青影响最大的两大画店之一。该胡同于 20 世纪末旧镇改造中被拆除。

戴家实胡同南口西侧民居（西青区文旅局文保所提供）

建隆胡同

建隆胡同位于杨柳青镇中部，与戴家实胡同相邻，中间隔一条糖坊胡同。南起河沿大街，进深 70 多米后东侧接糖坊胡同。长 128 米，宽 2.5 米，最窄处 1 米。相传形成于清乾隆年间，因有齐姓在胡同内开设建隆画店，故称齐建隆胡同，1949 年改为建隆胡同。建隆画店为旧时杨柳青影响最大的两大画店之一。该胡同于 20 世纪末旧镇改造中被拆除。

杨柳青影响最大画店之一齐建隆画店原址所在地建隆胡同南口（宫桂桐拍摄）

▶ 建隆胡同（王树村拍摄）

▼ 建隆胡同内景（西青区档案馆提供）

兴盛胡同

兴盛胡同原位于杨柳青镇中部，河沿大街南侧，南起南运河故道（20世纪80年代中期于此建杨柳青公园），北至河沿大街，胡同东侧为杨柳青旧时大户“石马张”故居“状元府”。长56米，宽4米，最窄处3米。相传于清光绪年间形成。1983年地名普查时，取“国家建设蓬勃发展”之意，定此名。该胡同于20世纪末旧镇改造中被拆除。

兴盛胡同（西青区文旅局文保所提供）

翰林院后门

翰林院后门位于杨柳青镇中部，东起卍字会胡同，西至东姜店胡同北端。长 132 米，宽 4 米，最窄处 2 米，于清代形成。清翰林刘学谦住宅后门在此巷西段，故名。刘学谦为光绪十二年（1886）丙戌科进士，曾任翰林院编修、国史馆协修、山西道监察御史、云南道监察御史、礼科给事中、工科掌印给事中、四川永宁道。刘学谦注重教育，对杨柳青的教育发展做出了一定贡献，而刘家与纪晓岚纪家，与张之洞、张之万的南皮张家以及齐白石家都有亲戚，在国内文化界有一定影响。该巷东段南侧为山西会馆（又称西老爷庙，后改为杨柳青“一小”）后墙。该胡同于 21 世纪初旧镇改造中被拆除。

翰林院后门，位于杨柳青“一小”北侧（西青区档案馆提供）

乔家疙瘩

乔家疙瘩位于杨柳青镇中部，南起估衣街，北至猪市大街。北方多有以“疙瘩”为地名的，但各地读音不同，杨柳青人读作 gà há（噶哈），而瘩字下部不是通常的草字头加“合”字，而直接是个“合”字。该字在《康熙字典》上可以查到，平时很少有使用的。《康熙字典》取音为都合切、德合切，读答。杨柳青读作哈。此为杨柳青地名之特色。乔家疙瘩明末形成。因乔姓（杨柳青最早居民之一）最早居住，且胡同多拐弯、拐角、路面崎岖多疙瘩，故名。后来只把直通的胡同称为乔家疙瘩，其东面多拐角的部分被分别命名为一、二、三、四条胡同，也冠以乔家疙瘩之名。其中乔家疙瘩二条胡同为杨柳青乃至天津市最窄胡同，20世纪80年代，天津电视台《哈哈镜》剧组曾在此拍摄电视短剧，一个胖子站里就把胡同堵了，无法通行。杨柳青镇最早居民元代太学生高居宝的玄孙、明锦衣卫管带总旗高仁斋的岳父静海将仕郎乔士宁家就在乔家疙瘩居住。因此，这是一条颇具历史和人文价值的胡同。胡同北口正对杨柳青一小老校门（原为山西会馆，又称西老爷庙）。该胡同于21世纪初旧镇改造中部分被拆除。

乔家疙瘩二条胡同（于培福拍摄）

▶ 乔家疙瘩胡同（宫桂桐拍摄）
▼ 乔家疙瘩一条（于培福拍摄）

◀ 乔家疙瘩三条（翰林杜彤家曾在此胡同南口西侧居住，于培福拍摄）

▼ 乔家疙瘩四条（宫桂桐拍摄）

西渡口

西渡口位于杨柳青镇中部，南起南运河故道，北至席市大街，中与河沿大街相交。长 67 米，宽 3.8 米，最窄处 2.6 米。形成于清乾隆年间，因直对杨柳青镇的西渡口，故名。胡同中有石家马厩等古迹。清代运河总督管干珍曾在此留诗，并两次向乾隆皇帝上奏汇报杨柳青的雨情，乾隆则为此两次作诗。

位于西渡口石家马厩（宫桂桐拍摄）

西渡口南口（冯立拍摄）

西渡口北口（冯立拍摄）

永德昌线店旧址内精美的木雕（王鸿书拍摄）

著名的永德昌线店旧址，其彩线曾经销往数十个县，西渡口黎记包子曾长期在此存放灶具（王鸿书拍摄）

串心塘子胡同

串心塘子胡同位于杨柳青镇中部，南起河沿大街，北接估衣街。形成于清道光年间。巷内北部原有一严姓开设的澡堂，当胡同道中，胡同绕澡堂而过，故名。20 世纪 80 年代初，澡堂遗迹犹在，后彻底拆除，胡同改直。胡同东侧为石家大院西墙，胡同西侧为民居。该胡同西侧民居已于 20 世纪末旧镇改造中被拆除，胡同名亦没有保留。

串心塘子胡同（于培福拍摄）

▼ 美丽实胡同，美丽画店旧址在此（王树村拍摄）

▶ 美丽实胡同（宫桂桐拍摄）

美丽实胡同

美丽实胡同位于杨柳青镇猪市大街北侧，南起猪市大街，北端不通。该胡同相传形成于清康熙年间，因戴姓住户开设“戴廉增”画店的分号“美丽”号于此而得名。该胡同于 21 世纪初旧镇改造中被拆除。

东姜店胡同

东姜店胡同位于杨柳青镇中部，南起猪市大街，北至姚家店胡同南段，相传于清雍正年间形成。巷内杜姓住户开设姜店，故名。后为与镇西的姜店胡同区分，故改为东姜店胡同。

► 东姜店胡同南口（西青区档案馆提供）

▼ 东姜店胡同民居（宫桂桐拍摄）

曹家胡同

曹家胡同位于杨柳青镇中部，南起估衣街，北至猪市大街，长 120 米，形成于清乾隆年间。胡同内因曹姓住户最早居住于此，故名。胡同中有原天津专区人民银行杨柳青镇营业所、镇人民法庭、八街缝纫厂旧址。其中，原人民银行营业所旧址——曹家胡同 5 号院原为石氏旧居，建筑尤为精美，其大门为仿石库门样式，北方地区极为罕见。2010 年，经过大院区改造，该胡同面貌有较大改变。

曹家胡同 5 号院，人民银行旧址
（西青区文旅局文保所提供）

◀ 曹家胡同（西青区档案馆提供）

▼ 曹家胡同西侧，杨柳青镇人民法庭旧址（西青区文旅局文保所提供）

卍字会胡同

卍字会胡同位于杨柳青镇中部，南起猪市大街，北至后大道，相传于清顺治年间形成。西侧曾有一关帝庙（即山西会馆，又称西老爷庙）。后在关帝庙旧址成立小学，即后来的杨柳青第一小学。1928 年，本镇新疆商帮在胡同东侧建红卍字会，故名。卍字会，又称道院，民国总理熊希龄曾任会长，是在全国各地有分支的慈善组织。该胡同于 21 世纪初旧镇改造中被拆除。

卍字会胡同（康玉松拍摄）

后大街

后大街位于杨柳青镇中部，西起大寺胡同，连猪市大街，东至光明路，与土地祠大街相接。相传成街于清雍正初年，是当时的主要街道。因地处前大街以北，而杨柳青人称南为前，北为后，故称后大街。该街多明清时建造的精美建筑，于21世纪初旧镇改造中被拆除。

后大街（宫桂桐拍摄）

前大街

前大街位于杨柳青镇中部，西起大寺胡同，与估衣街相连，东至光明路，与天泰大街相接。杨柳青人称南为前，北为后，故名。相传该街道形成于清康熙年间，胡同多古旧建筑。清道光年间，石氏在前大街东口花费五万多两白银建占地五百多平方米的石氏祠堂，并请山东著名书法家王垿题写了“石氏家祠”刻成金字大匾，悬挂于祠堂大门之上。该祠堂建筑极为精美。民国二十六年（1937），石氏天锡堂石文光将祠堂拆卖。该胡同于20世纪末旧镇改造中被拆除。

前大街东口，右侧为石氏祠堂旧址（宫桂桐提供）

前大街旧貌（西青区档案馆提供）

裴元堂胡同

裴元堂胡同位于杨柳青镇中部，前大街北侧，南起前大街，北至后大街。清咸丰年间，杨柳青石氏长门福善堂分家，东南口建宅两所分给了七子石元度，立名裴元堂，故胡同得此名。该胡同于 20 世纪末旧镇改造中被拆除。

裴元堂胡同民居（宫桂桐拍摄）

美成德胡同

美成德胡同位于杨柳青中部，前大街北侧，南起前大街，北至后大街。相传于清嘉庆年间形成。胡同南口有一家美成德饭馆，故得此名。

美成德胡同民居（宫桂桐拍摄）

刘家胡同

刘家胡同位于杨柳青西部，河沿大街北侧。南起河沿大街，北至利民大街。长138米，宽2.3米。多砖木结构平房，道路为土路。20世纪80年代，曾有居民48户。相传于清乾隆年间形成。因刘姓居此最早，故名。

其西侧原有大户韩家宏大院落，后改为学校、教师宿舍。6号院为石家保镖赵金宅。其中多精美石雕、砖雕。

东侧9号院有高大的女儿墙，转弯处有“拐弯抹角”，门口石墩雕刻精美。杨柳青人曾传说，解放天津时，林彪曾在此居住。

3号院为杨柳青镇第一位西医邵灵洲旧居。该院简朴整洁，保存完好。

刘家胡同9号院的“拐弯抹角”（冯立拍摄）

刘家胡同（冯立拍摄）

杨柳青第一位西医邵灵洲的旧宅外景（冯立拍摄）

3 号院赵金宅内景（冯立拍摄）

刘家胡同 9 号院外景（冯立拍摄）

大楼胡同

大楼胡同位于杨柳青西部，利民大街北侧。南起利民大街，北至后大道。长 145 米，宽 3 米。多砖木结构平房，道路为土路。20 世纪 80 年代时，有居民 82 户。相传于清嘉庆年间形成。因住户宋姓在胡同北口建二层楼房 1 幢，故名。今还保留着 20 世纪 50 年代初所建的 3 排宿舍。

大楼胡同（冯立拍摄）

耕读横胡同

耕读横胡同位于杨柳青西部。西起平安北胡同，东至平安路。南侧通北刘家胡同、耕读顺胡同。长 65 米，宽 2 米。砖木结构平房。土路。相传于清光绪年间形成。因其横穿耕读顺胡同，故名。

耕读横胡同（冯立拍摄）

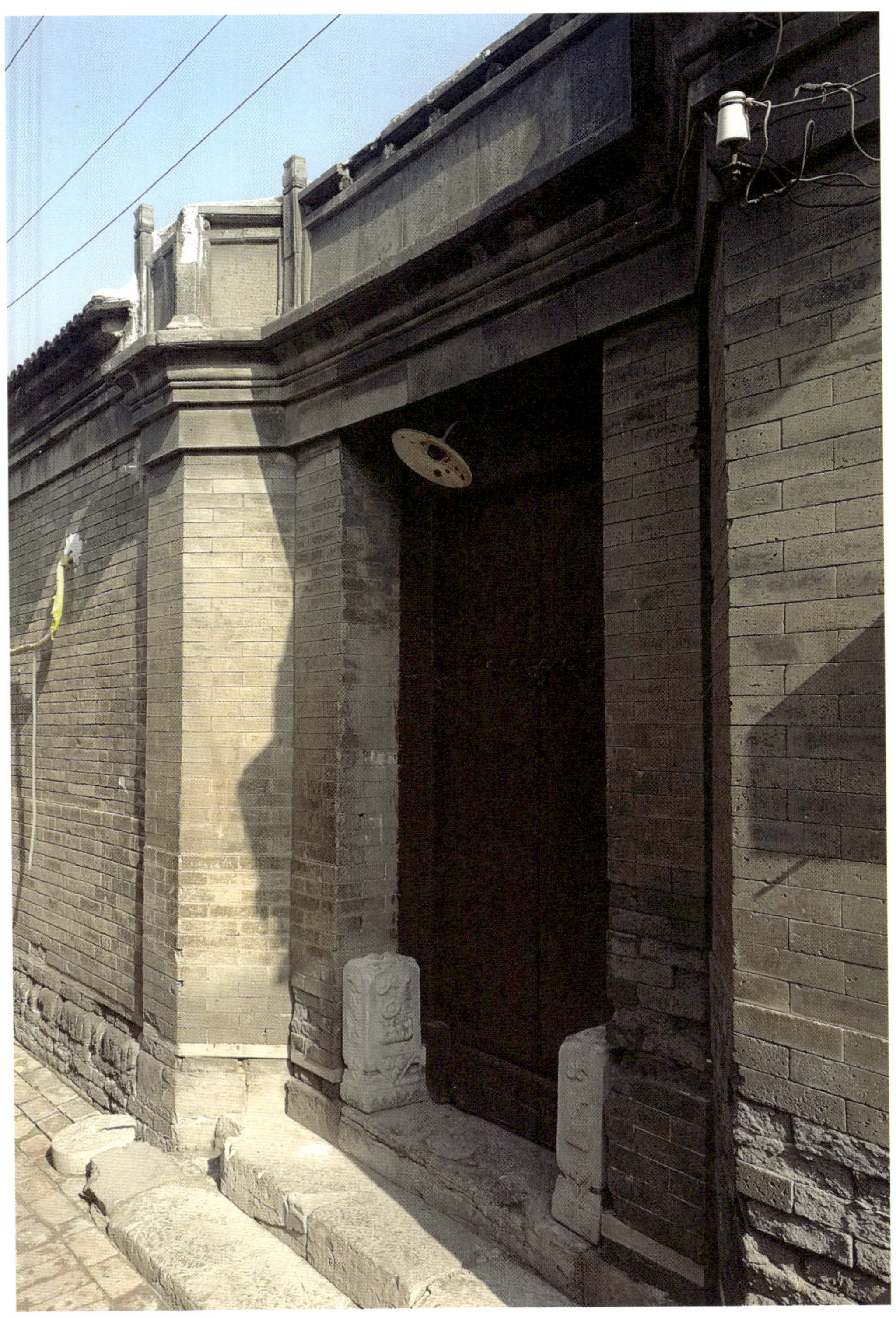

韩家疙瘩胡同

韩家疙瘩胡同位于杨柳青西部，利民大街西端，分为一条、二条。一条胡同，南起宝善胡同，北头往东至肖家胡同，往西通韩家疙瘩二条胡同。长 90 米，宽 1.8 米。多砖木结构平房，道路为土路。20 世纪 80 年代时，有居民 36 户。

二条胡同，位于杨柳青西部，利民大街西端。南起宝善胡同，北至平安路。长 72 米，宽 1.8 米。多砖木结构平房，道路为土路。20 世纪 80 年代时，有居民 7 户。

相传于清嘉庆年间形成这两条胡同。因住户多为韩姓，胡同窄小，弯曲多疙瘩，统称韩家疙瘩。该胡同 11 号、15 号院为最精美建筑，为兄弟二人所居。两院均为杨柳青典型的八字门，有精美的砖雕、石雕。特别是 15 号院有精美的影壁墙。

韩家疙瘩胡同 11 号民居（冯立拍摄）

◀ 韩家疙瘩胡同 15 号照壁（冯立拍摄）

▲ 韩家疙瘩 15 号民居外景，带有“拐弯抹角”（冯立拍摄）

吉祥胡同

吉祥胡同位于杨柳青西部，席市大街北侧。南起席市大街，北至药王庙东大街。长 96 米，宽 2 米。两侧为砖木结构平房，道路为土路。20 世纪 80 年代时，有居民 49 户。相传于清康熙年间形成。取吉祥如意之意，故名。

该胡同 1 号、2 号、3 号院建筑皆较精美。有精致的砖雕、石雕。胡同东侧的院落原为泰山庙之组成部分，后虽为民居，但基础仍在。

吉祥胡同（冯立拍摄）

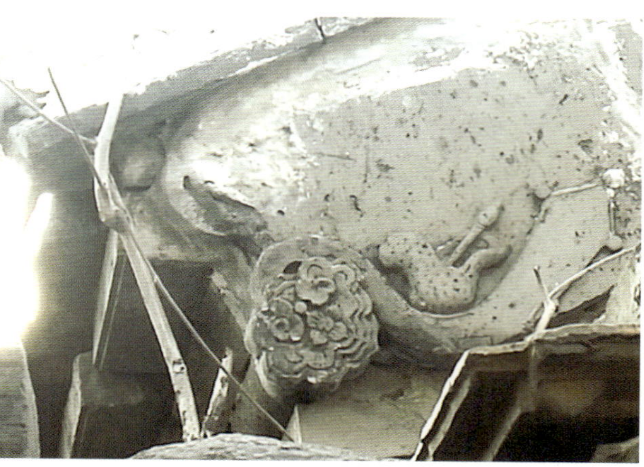

◀ 吉祥胡同 1 号院砖雕（冯立拍摄）

▼ 吉祥胡同 1 号院民居外景（冯立拍摄）

乐一堂胡同

乐一堂胡同位于杨柳青西部，平安路东侧。西起平安路，东至肖家胡同。长 80 米，宽 3.5 米。多砖木结构平房，道路为土路。20 世纪 80 年代时，有居民 18 户。相传于清嘉庆年间形成。巷内住户安姓，生活较好，其家堂号名乐一堂，以此得名。

乐一堂旧址今保存相对完好。该胡同转角处曾有一明天启年间石碑。

乐一堂（冯立拍摄）

▲ 位于乐一堂胡同与肖家胡同交口的明代石碑（冯立拍摄）
► 明代石碑近照，依稀可见“天启五年”字样（冯立拍摄）

利民大街

利民大街在杨柳青西部，东起药王庙前大街，西至肖家胡同。长 265 米，宽 4.5 米，为简易沥青路面。相传于清嘉庆年间形成。因街西端北侧有一准提庵，起名准提庵大街。1949 年后取“有利于民众”之意，改今名。两侧居民住宅多为砖木结构平房。

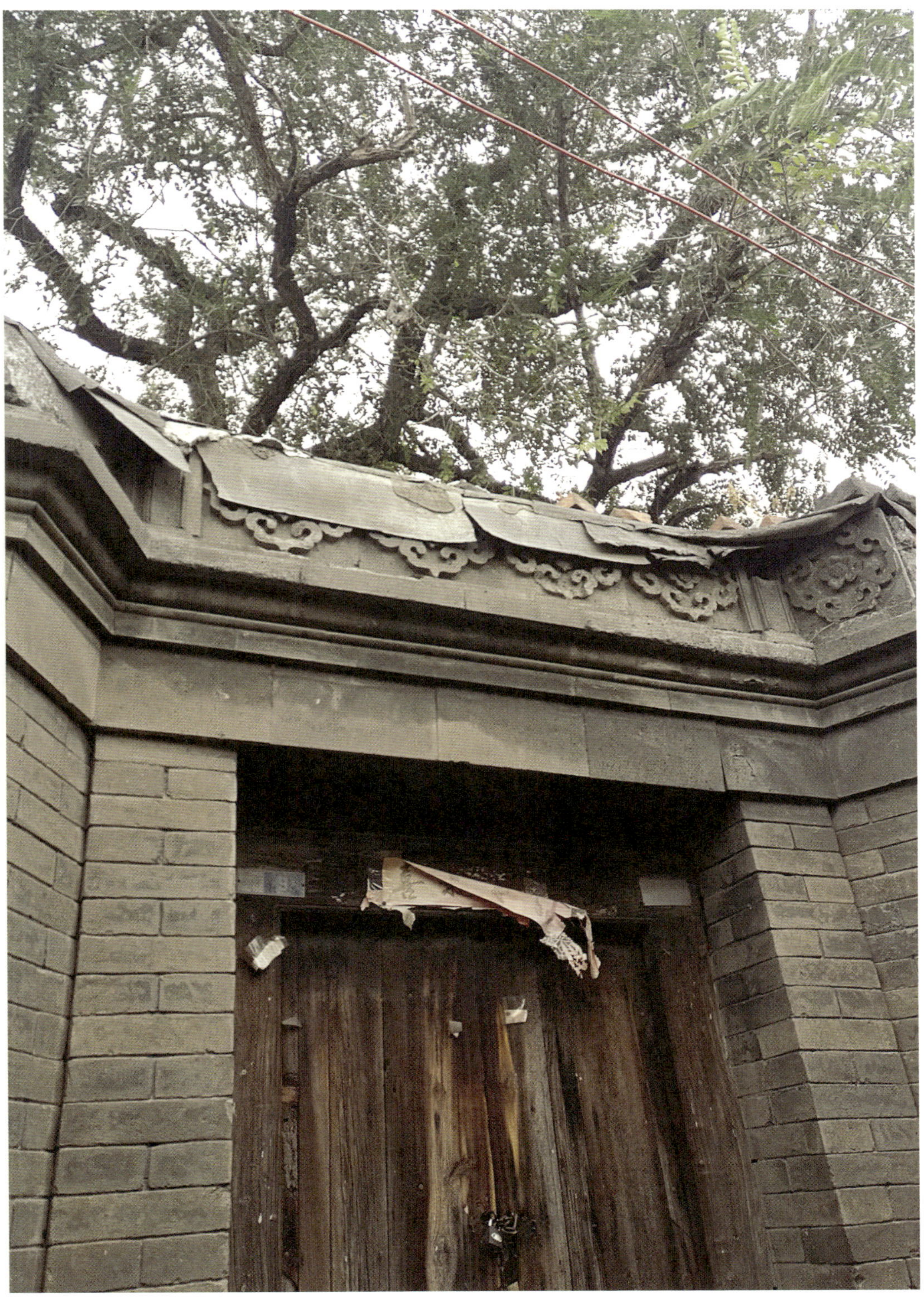

利民胡同民居（冯立拍摄）

利民大街民居外景（冯立拍摄）

杨柳青民居外景（冯立拍摄）

利民大街民居磨砖对缝的肩墙（冯立拍摄）

▲仙人胡同（冯立拍摄）
▶仙人胡同民居（冯立拍摄）

仙人胡同（利民胡同）

仙人胡同位于杨柳青西部，河沿大街北侧。南起河沿大街，北至利民大街。长142米，宽2米。多为砖木结构平房，道路为土路。20世纪80年代时，有居民49户，于清道光年间形成。相传胡同内住一神汉，以“仙术”为人治病，故名仙人胡同。1949年后取“有利于民众”之意，改为利民胡同。

马家胡同

马家胡同位于杨柳青西部，河沿大街北侧。南起河沿大街，北至利民大街。长 128 米，宽 2.5 米。多为砖木结构平房，道路为土路。20 世纪 80 年代时，曾有居民 53 户。相传形成于清嘉庆年间，以居民姓氏得名。

该胡同 6 号院是杨柳青典型的八字门。

14 号院也比较精致。其门窗为杨柳青少见的发券砌法。

马家胡同民居上的气孔（冯立拍摄）

马家胡同 6 号院外景（冯立拍摄）

马家胡同 14 号院外景（冯立拍摄）

马家胡同民居内景（冯立拍摄）

马家胡同民居，福字戗檐砖雕（冯立拍摄）

磨盘胡同

磨盘胡同位于杨柳青西部，河沿大街北侧。南起河沿大街，中段东拐通继和胡同，北至利民大街。长 132 米，宽 2.5 米。多为砖木结构平房，道路为土路。20 世纪 80 年代时，曾有居民 54 户。相传于清乾隆年间形成。胡同南口运河边有一挑水口，当时群众皆吃河水，胡同为挑水必经之路，因其南段均以废旧磨盘砌路，故名。

该胡同一些民居至今保存完好，有精美的砖雕、石雕。

▲磨盘胡同民居抱鼓石（冯立拍摄）

◀磨盘胡同民居石雕（冯立拍摄）

▲磨盘胡同民居外景（冯立拍摄）

◀磨盘胡同（冯立拍摄）

胜利胡同

胜利胡同位于杨柳青西部，利民大街北侧。南起利民大街，北去西拐至大楼胡同。长 36 米，宽 1.8 米。多砖木结构平房，道路为土路。20 世纪 80 年代时，曾有居民 5 户。1914 年形成，因巷内住户戴姓居此最早，时名戴家小胡同。1949 年改今名。

该胡同南口民居比较雅致。

▲ 胜利胡同与利民大街交口的杨柳青民居外景（冯立拍摄）

▶ 胜利胡同（冯立拍摄）

佩德堂胡同

佩德堂胡同位于杨柳青西部，河沿大街北侧。南起河沿大街，进巷北端不通行。长 14 米，宽 1.9 米。两侧为砖木结构平房，道路为土路。20 世纪 80 年代时，曾有居民 3 户。相传于清同治年间形成。胡同内有住户石姓，其家堂号名佩德堂，故名。

该胡同南口房屋有高大女儿墙，此为杨柳青民居少见。

佩德堂胡同民居外景（冯立拍摄）

药王庙东大街民居8号院外景（冯立拍摄）

药王庙东大街

药王庙东大街在杨柳青西部，西起药王庙前大街，东至菜市大街。长164米，宽4.3米，为简易沥青路面。相传于清道光年间形成，因坐落在药王庙东，故名。两侧居民住宅多为砖木结构平房，南侧有砖混结构二层楼房一座。平津战役时，天津前线指挥部遗址坐落在街西端北侧。其东院落曾为杨柳青二中校舍。

药王庙东大街10号院外景（冯立拍摄）

桑梓故影

人生中最难忘的是妈妈的爱，是儿时的记忆，是桑梓的故影……

对于在外的游子，儿时对家乡的记忆是无论如何也抹不去的。

无论岁月如何变迁，不变的是游子对故乡的依恋。

杨柳青镇航拍图

杨柳青镇形成较早，据有关文献记载，最早可以上溯到金贞祐二年（1214），时称柳口镇，金代时已经具有相当规模。对比绘制于清嘉庆年间、出版于道光年间的《津门保甲图说》，我们可以发现直到20世纪杨柳青镇的格局仍没有太大的变化。20世纪90代末，杨柳青镇进行大规模拆迁，镇容镇貌发生了较大变化，但镇西部仍保留着包括金代以来形成的席市大街等街巷，大致保留着清代《津门保甲图说》中的格局。

20世纪90年代末的杨柳青镇航拍图（于培福拍摄）

杨柳青地名碑

1987 年，杨柳青镇政府设立地名碑，在镇东西南北共设立 4 块碑。此为原位于杨柳青镇东公路口的主碑。该碑通高 3.6 米，须弥座高 90 厘米，上刻狮子戏球、凤凰牡丹；碑身高 2 米，宽 90 厘米，厚 50 厘米；碑顶采用庑殿顶样式。碑阳 3 个红色大字“杨柳青”是曾为北海公园补写乾隆御笔的杨柳青的著名书法家刘紫蘅先生所写；碑阴由杨柳青镇农民书法家郭丕丞书写。其他 3 块石碑通高均为 2 米，普通碑座，无庑殿顶。2011 年因施工，该碑被抛弃路边，后被收入区市容委仓库。2019 年在区主要领导的关心下，地名碑被转存于西青区档案馆。

杨柳青地名碑（西青区档案馆提供）

杨柳青地名碑历史影像
（西青区档案馆提供）

在西青区主要领导的关心下，2019 年 9 月 17 日遗失多年的地名碑被找到并存放在区档案馆（冯立拍摄）

专署前街

专署前街位于杨柳青镇新华路北，光明路（今柳口路）西侧。东起光明路，西至和平路（今青远路），原为耕地。1953 年，天津专署机关进行市政建设，建成此路。因位于天津专员公署前，故名。两侧曾有区财政局、农林局、农机局、科委、党校、招待所、农业银行以及杨柳青镇政府、河北省廊坊地区家属宿舍等。2000 年，北侧建筑改建为区机关，南侧建筑被拆除，复建杨柳青广场，专署前街也改名为府前街。

专署前街（西青区档案馆提供）

光华路

光华路位于杨柳青镇中部，光明路西，南起二中路，北至南运河（20 世纪 80 年代为杨柳青公园），中与振兴道相交。新中国成立初期，仅为一小土路，两侧多坑塘。1978 年后，本镇居民在两侧建房，形成较为宽阔街道。1983 年地名普查时，取“光耀中华”之意，定名。该路于 21 世纪初旧镇改造中被拆除。

光华路（西青区档案馆提供）

光华路南段西侧，园丁里教师宿舍（西青区档案馆提供）

光华路南段西侧，园丁里教师宿舍（西青区档案馆提供）

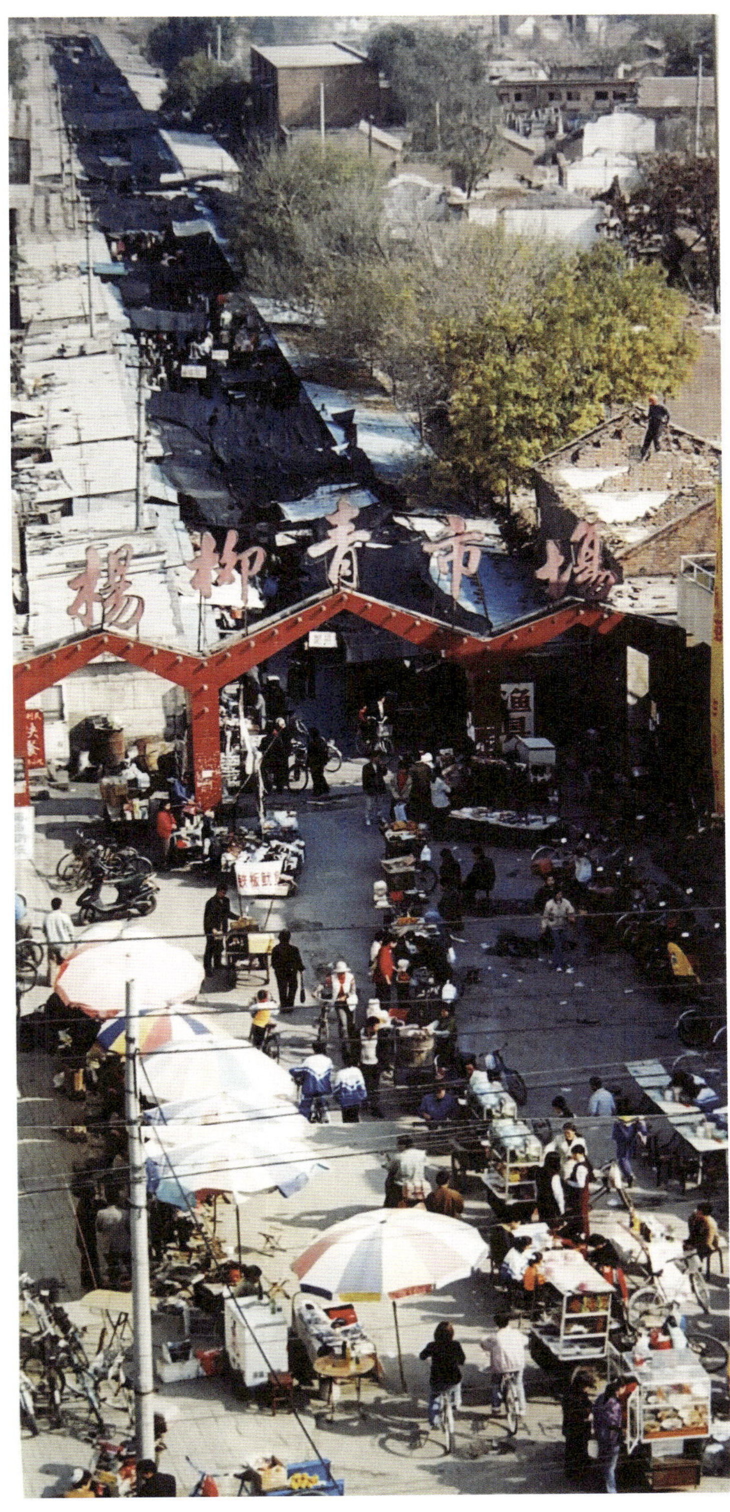

光明路

光明路位于杨柳青镇中部，北起西青道，南至光明桥与营建路相接，中与新华路、河沿大街、运河沿相交，东西两侧分别与后大道、土地祠东大街等相通。长 1592 米，宽 20 米，是杨柳青镇区南北主干道，原为土路和狭窄胡同。1958 年，为沟通西青道和营建路，拓宽筑建，铺设沥青路面。1989 年，南段再次拓宽改建，拆除东侧旧建筑，新建砖混结构各种样式的二至三层楼商业门面。20 世纪末，该路南段再次拓宽改建，并与原营建路合称柳口路。

位于光明路东侧的杨柳青市场（于培福拍摄）

20 世纪 90 年代，光明路南段西侧（西青区档案馆提供）

20 世纪 90 年代，光明路北段（西青区档案馆提供）

▶ 20 世纪 90 年代，光明路南段东侧（西青区档案馆提供）

▼ 光明路南段旧影，今御河道与柳口路交口处（西青区档案馆提供，冯立彩化）

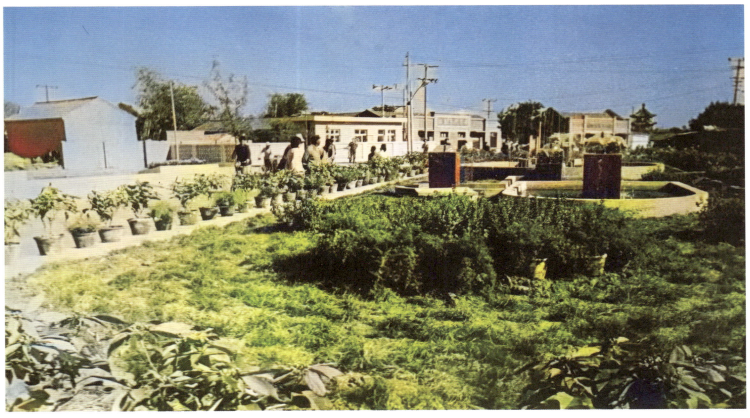

西郊区机关大楼

1971 年 7 月，西郊区（1992 年改为西青区）机关从李七庄迁到杨柳青镇。1972 年，在原杨柳青广场兴建机关大楼，为西郊区机关（区委、区人大、区政府、区政协）和区公安分局、区武装部、区广播站等单位的办公地。此后一些单位陆续搬出。2000 年，机关大楼拆迁，该地复建杨柳青广场。

西青区机关旧址（西青区档案馆提供）

西青区外环线段纪念碑
（西青区档案馆提供）

西青区外环线段纪念碑

1986年，西青区外环线段纪念碑于天津外环线建成时设立，位于外环线与西青道交汇处，多年来，一直是西青区界的标志，今已不存。

西青区体育馆

新中国成立前，西青区没有专门的体育场馆。1976 年，在杨柳青镇新华路中段北侧建西青区体育场一座。1987 年，在体育场内始建西青区体育馆，1991 年 5 月竣工。体育馆由天津建筑设计院按手球馆设计，投资 367 万元，建筑面积 3246 平方米，曾举办过诸多赛事。2014 年，因体育场改造被拆除。

西青区体育馆（西青区档案馆提供）

西郊区广播站

1985年，西郊区广播站办公楼在杨柳青镇文化路建成，建筑面积950平方米。1992年，西郊区广播站改名为西青区广播站，1994年7月，西青区广播站改为西青区广播电视局。2005年4月，西青区新闻中心大楼建成，广播电视局搬迁。

西青区广播站（于培福拍摄）

杨柳青镇政府旧址

杨柳青镇政府旧址位于原专署前街（今府前街）北侧，为三层砖混结构楼房，建于 1982 年。2000 年 10 月，杨柳青镇政府迁新址。

杨柳青镇政府旧址（西青区档案馆提供）

西郊礼堂

西郊礼堂位于杨柳青镇北，原光明路（今柳口路）西侧，北邻西青区农林局，南邻西青区实验小学（今杨柳青广场东南侧）。建于 1957 年，占地面积 3500.2 平方米，建筑面积 1700 平方米，砖木结构。礼堂中央大厅为 1 层，前厅 2 层，两侧耳房为休息厅。内设 1000 个座位，有舞台和灯光设备，能演出戏剧和放映电影。

该礼堂原为天津专署礼堂，后专署外迁，1960 年改名天津纺织学校礼堂。1972 年属西郊区，称西郊礼堂。1992 年，西郊区改称西青区，礼堂遂改称西青礼堂。西青区的很多重要会议和文艺演出在此举行。

2000 年，该建筑拆除，辟为杨柳青广场。

1992 年，西郊礼堂（西青区档案馆提供）

2000 年，西青礼堂内景（西青区档案馆提供）

西青区图书馆

西青区图书馆坐落于杨柳青镇原建设路 1 号。该馆兴建于 1979 年 6 月，1980 年 6 月竣工使用。占地 3000 平方米，建筑面积1380平方米，主体为砖混结构2层楼房，局部为3层书库楼。院中有花坛、雕塑。设有报刊阅览、青年自修等 6 个借阅及览厅室。20 世纪 80 年代初，曾面向群众播放彩色电视节目。连续多年在元宵节举办有奖灯谜竞猜活动。该馆曾经是杨柳青人一处重要的文化活动场所。该馆原址于 2005 年 1 月拆除，2008 年 10 月迁入区文化中心今址。

西青区图书馆旧址（宫桂桐拍摄）

西青区文化馆（杨柳青花园）

旧时，杨柳青多坑塘，有“小江南”之称。镇北有一地，四周荷塘环绕，中间为圆形花园，南面有条3米宽的甬道通往园中。新中国成立后一度定名为“人民公园”，是人们休闲娱乐的好去处。1956年，天津专区工会在此建立劳动人民俱乐部，院中建起一座200多平方米的礼堂，内有图书、借阅、舞厅等设施，园内修建了灯光球场。每周开放6天，晚上常举办舞会、比赛活动。1957年，著名评书表演艺术家田连元在杨柳青说书期间，拜风云老会岳家林为师学武，每天早晨即到此练功。1958年，天津专区迁往沧州，此园移交给杨柳青镇政府。直到20世纪70年代末，该地仍保持着四周环水的状态。

1949年，杨柳青镇始建民众教育馆，地点在施医局胡同口安氏祠堂院内。1951年改称文化馆，后随区划隶属变化几易其名。1971年，西郊区政府机关迁入杨柳青镇，杨柳青馆并入区文化馆，在杨柳青馆旧址办公。1975年，西郊区文化馆在杨柳青花园（镇工人俱乐部）建新址，占地5000平方米。设有展厅、文艺厅、游艺厅、小剧场、旱冰场、录像厅等。20世纪80年代，经常举办菊展、舞会等。后增添台球等项目。1992年，改名西青区文化馆。

杨柳青文化馆20世纪90年代影像（西青区档案馆提供）

杨柳青文化馆 20 世纪 70 年代影像（西青区档案馆提供）

20 世纪 80 年代的杨柳青文化馆（刘体洪拍摄）

新华书店
杨柳青门市部

1949年，新华书店杨柳青门市部开业，地点在杨柳青镇估衣街18号，估衣街与靳家大场交口处（石家大院东北侧）。随着杨柳青行政隶属变化几易其名。1976年，搬迁到和平路10号（原杨柳青广场西南角）新营业地点。该书店新址的建设早于老西郊区委机关大院。新址建筑面积1168平方米，设有业务部、课本供应部、批发部及机关单位服务部。南侧为营业厅，北侧院子为办公及仓库所用。该书店主要经营图书，兼营文具、文化用品，春节期间还销售年画。20世纪80年代，开始兼营音像制品。该店曾经为杨柳青、西青区人民群众重要的精神生活做出过贡献。

西青区新华书店杨柳青门市部旧影（朱玉成拍摄）

西青区职工俱乐部

西青区职工俱乐部坐落于杨柳青镇新华路南侧，1991 年竣工，1992 年 5 月开始营业；占地面积 2724 平方米，其中舞厅 400 平方米。这里曾召开过西青区的很多重要会议，举办过很多重要活动。2013 年被拆除。

西青区职工俱乐部（冯立拍摄）

颐寿园（西青区档案馆提供）

杨柳青公园

杨柳青公园位于杨柳青镇中部，南运河故道上。东起一经路（今柳云路），西至建设路（今青致路）。占地 3 万余平方米，建筑面积 2469 平方米。1984 年建，1987 年竣工。总长 835.3 米，宽 36 米，呈带状，故又称带状公园。公园由东、中、西 3 部分组成。东部为儿童园，设大型滑梯、电动玩具等设备。中部为颐寿园，俗称老年园，设有临翠阁、兴碧轩（茶室）、假山等。西部为青年园，有亭、廊、桥、池、厅等。公园还有八角亭，喷泉，汉白玉五子夺莲、老寿星，此外，颐寿园门前的一对石狮等工艺别致，为公园增添了色彩。颐寿园东临街口树建园纪念碑一座，碑阳为著名书法家王颂余题写的“杨柳青公园”5 个大字，碑阴为西青区政协干部谢玉明撰文，碑文为杨柳青农民书法家郭丕承书写。很长一个时期，杨柳青公园是当地唯一大型公园，为杨柳青人提供了早锻炼、晚娱乐的好去处。2002 年，西青区启动“京杭大运河环境绿化工程”，重新挖掘大运河故道，该公园拆除。

▲ 儿童园（西青区档案馆提供）
▶ 青年园（西青区档案馆提供）

▲ 颐寿园门前（西青区档案馆提供）
► 杨柳青带状公园颐寿园内景（刘春华拍摄）
▼ 杨柳青公园建园纪念碑（西青区档案馆提供）

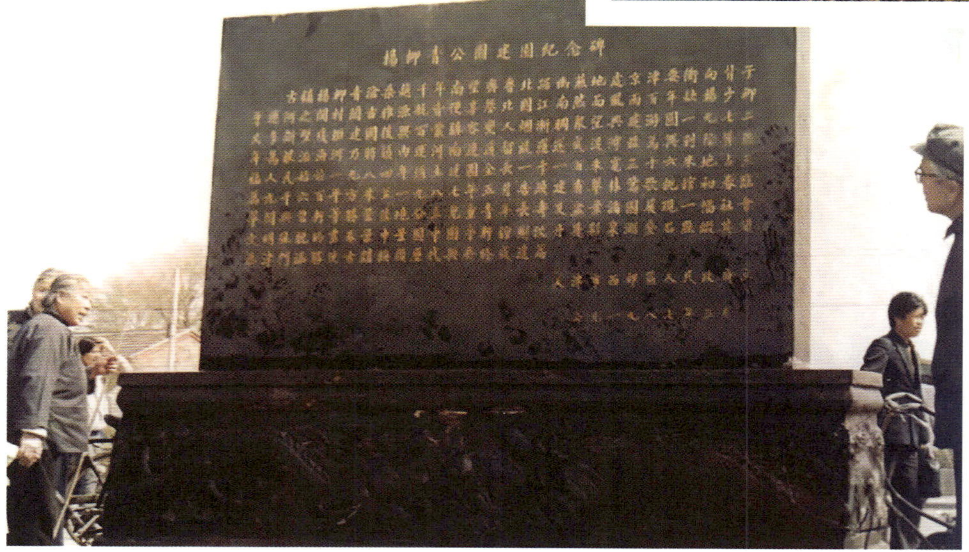

▲ 带状公园外景（西青区档案馆提供）
◀ 颐寿园寿星石像（西青区档案馆提供）
▼ 颐寿园假山（西青区档案馆提供）

儿童园夜景（刘春华拍摄）

青年园内景（刘春华拍摄）

杨柳青画社西青联合分社

杨柳青画社西青联合分社位于杨柳青镇新华路与建设路（今青致路）交口西北侧，原为杨柳青风筝厂部分旧址。天津杨柳青画社于1986年10月在此建立杨柳青分社，又名古柳斋，以经营传统年画、手绘台历、娃娃册页、文房四宝等为主。21世纪初，在旧镇改造中拆除，今其旧址为今柳溪苑小区东南角。

▶古柳斋内景（西青区档案馆提供）

▲古柳斋外景（西青区档案馆提供）

1973 年，新建的烈士陵园（西青区烈士陵园提供）

西青区烈士陵园

西青区烈士陵园始建于 1949 年 1 月，原坐落于杨柳青镇十六街文昌阁东南侧南运河畔，当时建有烈士集体、单体坟冢。1952 年 7 月，原址重建，陵园占地 2 亩，园内有安葬无名烈士的烈士集体墓 1 座，其余单体墓在陵园围墙南侧。陵园大门镌刻着“城垣显身手，伟绩与燕山共存；雪地立战功，光荣如松江长流”的对联。园内主体建筑为纪念碑，纪念碑碑体为长方体，碑体上方建有一手持刺刀杀敌形象的解放军战士雕塑，碑体正中镌刻着“天津战役阵亡烈士之墓”字样，落款为“解放军一一七师政委李少元、师长张竭诚暨全体指战员敬立”。1973 年，陵园迁西青区杨柳青镇新华道 28 号今址。今址陵园总体工程由天津大学土建系设计，经过 3 年的施工建设而竣工。

▲ 1952 年落成的烈士陵园（西青区档案馆提供）

◀ 1952 年落成的烈士纪念碑（西青区档案馆提供）

▼ 1952 年落成的烈士陵园大门（西青区档案馆提供）

杨柳青“前百”

杨柳青“前百”正式名称为“杨柳青第二百货商店”，1950 年建于杨柳青镇估衣街北侧，靠近曹家胡同南口，曾经是杨柳青重要的日用品商店。因杨柳青人以南为前，以北为后，相对于位于“三不管”的、1956 年由花纱布公司改成的百货公司（副食商场，俗称“后百”），而称其为“前百”。2010 年，在杨柳青大院区改造中拆除。

杨柳青“前百”（于培福拍摄）

▶ 建于 1957 年的杨柳青群众影剧院（康玉松拍摄）

▼ 群众影剧院北侧原电影发行放映公司（康玉松拍摄）

群众影剧院

群众影剧院位于杨柳青镇原建设路（今青致路）4 号，今青致路北段西侧群众园位置。北近杨柳青火车站，南邻原杨柳青三中。建于 1957 年，观众厅分上下两层。该影剧院在很长一段时间内是杨柳青镇乃至西青区重要的精神文化生活场所。

影剧院同院北侧为西青区电影放映公司，该楼为 1976 年建成，在 20 世纪 90 年代曾经经营录像厅。

杨柳青商城

杨柳青商城坐落于杨柳青镇中心地段，北面新华路，南面后大道。占地 7000 平方米。该地址原为杨柳青影剧院、副食商场（即“后百”）、“七姐妹”商场、工农兵食堂。1993 年 10 月始建，1994 年 12 月竣工开业。很长一段时间是杨柳青人主要的购物场所。2004 年在旧镇改造中拆除。

► 杨柳青商城 1994 年旧影（西青区档案馆提供）

▼ 杨柳青商城夜景（西青区档案馆提供）

杨柳青百货商场

杨柳青百货商场坐落于杨柳青镇原光明路（今柳口路）46 号，始建于 1974 年，1975 年竣工使用。主体为三层楼房，称为百货大楼。很长一段时间为杨柳青人选购日用百货的主要场所。1989 年 3 月，在光明路，原百货大楼对面兴建新百货大楼，当年 11 月竣工营业。2000 年，光明路拓宽改造，新、老百货大楼均拆除。

1989 年建成的杨柳青百货商场（西青区档案馆提供）

▲ 1975 年建成的杨柳青百货商场（西青区档案馆提供）

◀ 1975 年建成的杨柳青百货商场（宫桂桐拍摄）

▲ 西青区第一幼儿园（冯立拍摄）

◀ 西青区第一幼儿园前身——杨柳青育红托儿所旧址（西青区档案馆提供）

西青区第一幼儿园

西青区第一幼儿园于 1979 年筹建，地址在西青体育场西侧，今新华里 1 号。1980 年，政府将原“杨柳青育红托儿所”由杨柳青一小对面原址迁入，称“西郊区杨柳青幼儿园”。1987 年，改为“西郊区第一幼儿园”，1992 年，改为“西青区第一幼儿园”。最早建筑为西北侧二层向东连接一层教学、办公楼，二楼通往东侧楼顶有大晒台。后全部建为两层，东部平房、空地也建两层教学、办公楼。

西青区第二幼儿园

西青区第二幼儿园于1984年始建，地址在杨柳青镇建设路青运楼东侧。占地7260平方米，为楼房建筑。1987年4月首次招生。

西青区第二幼儿园20世纪80年代旧影（刘春华拍摄）

▶ 杨柳青第一小学老校门（西青区档案馆提供）
▼ 杨柳青第一小学卍字会胡同旧址（西青区档案馆提供）

杨柳青第一小学旧址

杨柳青第一小学旧址位于杨柳青镇卍字会胡同14号，清宣统二年（1910）始建，原名“民建第十三学堂”，校址在西关帝庙内。后在庙内北部建立“天津县民立第五女子小学堂”。1920年两校均由天津县接管，“民建第十三学堂”更名为“天津县公立第八小学”，“天津县民立第五女子小学堂”更名为“天津县公立第五十女子小学”。1940年，两校合并改称“杨柳青镇立小学”。1945年抗日战争胜利后，改称“天津县实验小学”。1949年，改称“杨柳青第一小学”。1976年，主校内部分平房改为教学楼，北部为三层，东部为二层。1992年又扩建教学楼。该校旧址建筑于2004年旧镇改造中被拆除，现址搬迁至今青致路（原杨柳青三中）。

杨柳青第五小学外景（宫桂桐拍摄）

杨柳青第五小学旧址

杨柳青第五小学旧址位于杨柳青镇文昌阁院内，该校于1938年建校，原名“天津县第六十一小学”，1947年称“文昌阁小学”，1949年改称“和平街小学”，另有紫竹庵两个班称为“建设街小学”，为杨柳青一小分校。1950年“和平街小学”和“建设街小学”合并称“杨柳青第五小学”，主校设在紫竹庵，下设十六街东公所分校。1958年，十六街大队部后院划归第五小学分校，称“张家小胡同分校”。1962年，杨柳青第五小学迁到张家小胡同，建设街（紫竹庵）为第一分校，和平街（文昌阁）为第二分校，东公所为第三分校。1964年，杨柳青第五小学主校迁到文昌阁内。1965年，东公所和张家小胡同分校撤销。为保护、恢复文昌阁古迹，2001年第五小学迁出，该校旧址校舍建筑于2007年旧镇改造中被拆除。

杨柳青第五小学外景（西青区档案馆提供）

杨柳青第五小学院内（西青区档案馆提供）

西青区实验小学

1968年,西青区实验小学建校,原名“光明路小学”,校址在杨柳青镇原光明路34号。1974年,更名为“杨柳青第六小学”。1989年,拆除平房,建教学楼,更名为“西郊区实验小学”,1992年称“西青区实验小学”。该校旧址建筑于20世纪末旧镇改造中被拆除,搬迁至今柳云路现址。

20世纪90年代,西青区实验小学外景(西青区档案馆拍摄)

20 世纪 90 年代，西青区实验小学外景（于培福拍摄）

20 世纪 90 年代，
西青区实验小学外景
（西青区档案馆提供）

杨柳青一中旧址

杨柳青一中始建于 1944 年，原名“杨柳青私立育青商职学校”，地址在杨柳青镇东当铺大胡同。1945 年，改名为“杨柳青私立育青中学”。1953 年迁址到新华路新华里。1954 年更名为“河北省杨柳青中学”。1958 年，迁址到石家大院，并更名为“静海县初级中学”。1972 年，更名为“杨柳青第一中学”。1976 年迁址到营建路 51 号，即照片中的校址。该校于 2001 年另迁新址，旧址成为杨柳青二中校址。

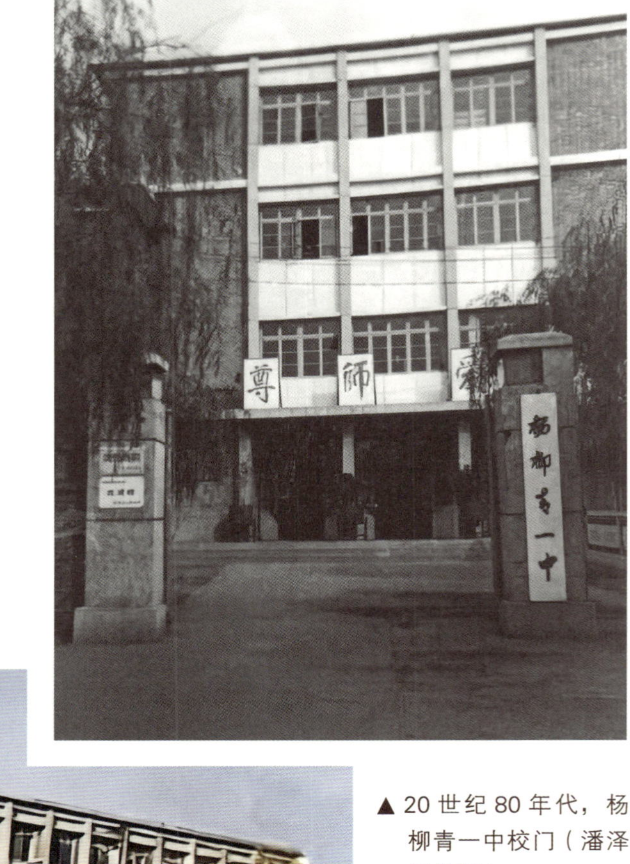

▲ 20 世纪 80 年代，杨柳青一中校门（潘泽民拍摄）

◀ 20 世纪 80 年代，杨柳青一中外景（潘泽民拍摄，冯立彩化）

杨柳青二中旧址

杨柳青二中始建于1957年，由镇搬运工会投资兴建，时称“杨柳青民办中学”，校址设在杨柳青河沿大街216号（即石挥出生的石氏怀德堂）。学校设5个教学班，有教职工11人、学生321人。凡本镇愿升中学而未被杨柳青中学录取的学生，大多数都能到此校就读。1958年改称“杨柳青公社中学”。迁址到席市大街2号（后为杨柳青第二小学、杨柳青司法所）。由镇长刘翰香兼任校长。1960年改名为“杨柳青工业学校”，同年因西郊区归属南开区管辖，又改名为“天津市南开区半工半读工业中学”。1961年增设中专班，与初中班并存。1963年中专班改为高中班，成为杨柳青公社所属的完中校。1964年高中班撤销。1970年该校师资队伍已形成当地招聘与国家分配两部分。1972年纳入国办校，定名为“杨柳青第二中学”。

1974年学校迁址到南运河畔北岸，新建教学楼1幢，并增设二年制高中班，地址在杨柳青二中路西端（今元宝岛西岛中南部）。1982年高中班并入杨柳青一中，改为初中校，1986年划归镇属中学。该校占地面积18980平方米，建筑面积4633平方米。有教学与办公连为一体的大楼。

2001年杨柳青二中迁往杨柳青一中旧址（柳口路51号）。

杨柳青二中旧址，1974—2001年之校址（董林砚拍摄）

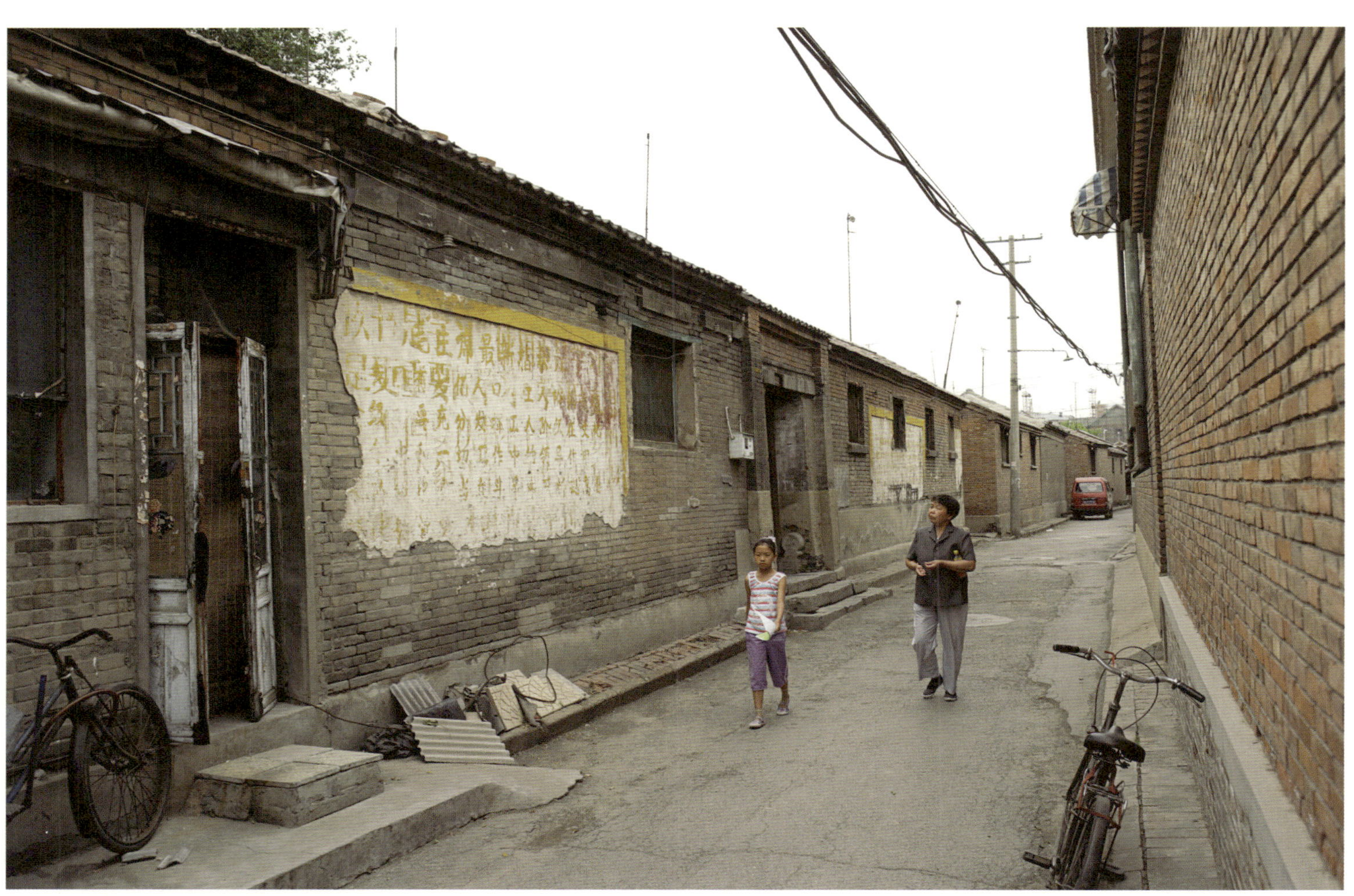

20 世纪 50 年代，二中前身——民办中学实习工厂（于培福拍摄）

杨柳青三中旧址

杨柳青三中始建于1966年，原校名为“杨柳青和平路中学”。校址设在建设路6号（今青致路北端）。1967年投入使用，是年杨柳青第一小学附设的两个中学班迁入新校，并招收新生，时任校长王培俭。1969年更名为“天津市西郊区五·七中学”。翌年恢复“和平路中学”原名。1973年定名为杨柳青第三中学，1974年增设高中班，成为完中校。1980年撤销高中班，高中班并入杨柳青一中，成为初级中学。1986年属镇管中学。1993年由政府投资拆除平房建起新教学楼。该校占地面积22820平方米，建筑面积5300平方米。

2001年，杨柳青三中迁往新华道175号（杨柳青五中旧址）新址。

杨柳青三中校门旧影（李昕拍摄）

西青区少年宫旧址

西青区少年宫创立于 1975 年，旧址坐落于杨柳青镇估衣街 2 号，原为杨柳青安氏祠堂。1949 年，杨柳青镇在此成立民众教育馆。1951 年，改称文化馆。后随区划隶属变化几易其名。1971 年，西郊区（现西青区）政府机关迁入杨柳青镇，该馆并入区文化馆，在杨柳青馆旧址办公。1975 年，文化馆迁入新址，此地成立少年宫。1991 年，少年宫迁至二经路（今柳霞路）新址。此地改为启智学校，后改为杨柳青年画博物馆。

▲ 20 世纪 80 年代西郊区少年宫旧影（刘春华拍摄）

◀ 西青区少年宫 1992 年旧影（宫桂桐拍摄）

文韵悠长

斯文之地，雅韵悠长。
折柳寄别，歌咏流觞。
发明性情，覃敷华章。
古今炳耀，永世传芳。

朱窝杨柳青地近沧州余爱其名雅作古调五首

袁　桷

出处：《清容居士集》（第十三卷）

此诗为目前发现的杨柳青之名在文献中的最早记载。

作者简介：袁桷（1266—1327），元代著名才子，字伯长，号清容居士，晚号见一居士。他是庆元鄞县（今为浙江宁波鄞州区）人，元代重要的史学家、文学家、藏书家、书法家，是浙东学派的代表人物之一。元大德年间，历任翰林国史院检阅官、翰林直学士、知制诰、同修国史，后来又拜为侍讲学士。袁桷奉旨修元成宗、元武宗、元仁宗三朝大典，获元英宗赏识，并参与宋、辽、金史的撰写。泰定元年，辞官还乡。赠中书省参知政事，逝世后被追封为陈留郡公，谥文清。

钱基博在其《中国文学史》中讲，元代文学“及孟頫以宋王孙征起，风流儒雅，天子侧席；邓文原、袁桷连茹接踵，而南风亦竞，于是虞、杨、范、揭，南州之秀，一时并起”。（作者按：这里所说的“虞、杨、范、揭”是指虞集、杨载、范梈、揭傒斯，这四个人被称为“元诗四大家”。）而纪晓岚等人在编纂《四库全书》时则称赞袁桷“其诗格俊迈高华，造语亦多工炼，卓然能自成一家。盖桷本旧家文献之遗，又当大德延祐间为元治极盛之际，故其著作宏富、气象光昌，蔚为承平雅颂之声。文采风流遂为虞、杨、范、揭等先路之导，其承前启后称一代文章之巨公良无愧色矣！”

飛吟起霞珮馭氣躡天梯碧雲布參差纖脩與巖齊

龍口巖

弄月紅玫瑰匿雲紫芙蓉近已厭狡獪納息[元]虛中

靈湫

靈龜道其前游儵殿其後歲久淡自韜清夜巖下走

朱窩楊栁青地近滄州余愛其名雅作古調五首

朱窩楊栁青明日是清明地下不識醉悲歡總人情

朱窩楊栁青客亭塵漫漫爲你多離別我生無由完

朱窩楊栁青黃河瀉如注還俟飛絮時相同入海去

朱窩楊栁青自愛青青好亦如遠行客相逢不知老

朱窩楊栁青桃杏鬬顏色顏色雖不同時節各自得

清容居士集卷十三　宜稼堂叢書

袁桷《朱窝杨柳青地近沧州余爱其名雅作古调五首》

杨柳青谣

揭傒斯

出处：《揭文安公全集》（卷一）

作者简介：揭傒斯（1274—1344），元朝著名文学家、书法家、史学家。字曼硕，号贞文，龙兴富州江右人。延祐初年由布衣荐授翰林国史院编修官，迁应奉翰林文字，三入翰林，官奎章阁授经郎、翰林待制、集贤学士、翰林侍讲学士，阶中奉大夫，封豫章郡公，修辽、金、宋三史，为总裁官。著有《文安集》。

至正三年（1343），揭傒斯以七十高龄辞职回家。走到中途，皇帝派人追请揭傒斯回京写《明宗神御殿碑文》。文成，皇帝给予很多赏赐。其再求离职，皇帝不许，并命丞相脱脱及执政大臣面谈阻行。揭傒斯认为：“使揭傒斯有一得之献，诸公用其言而天下蒙其利，虽死于此，何恨！不然，何益之有！”脱脱问：“方今政治何先？”揭傒斯认为：储备人才最重要。当人才还没有名望、地位时，养在朝廷，使他全面了解政务，这样就不会出现因缺乏人才而误大事的后患。

此后，皇帝诏修辽、金、宋三史，揭傒斯为总裁官。四年时间，《辽史》完成。皇帝又督促早日完成金、宋二史。于是，揭傒斯住在史馆，朝夕不休。得寒疾，七日而死。这时，有外国使节来到京城，燕劳史局，以揭公故，改日设宴接待。皇帝为他嗟悼，赐楮币万缗治丧事，并派官兵以驿舟送揭傒斯灵柩到故乡安葬。制赠护军，追封豫章郡公，谥曰文安。史家称，像揭傒斯这样的人有级别而无官位，是官方的失职。

《元史》称其“为文章，叙事严整，语简而当；诗尤清婉丽密；善楷书、行、草。朝廷大典册及元勋茂德当得铭辞者，必以命焉。殊方绝域，咸慕其名，得其文者，莫不以为荣云”。

上千鐘祿
高郵城
高郵城〻何長城上種麦城下種桑昔日鐵不
如今爲耕種場但願千萬年盡四海外爲封疆
桑陰〻麦芃〻終古不用城與隍
濟州初度
辭家計日逢初度還日暄風在 帝京晚起意
親望天北行人初泊濟州城
楊柳青謠
楊柳青〻河水黄河流两岸蒿蘺長河東女嫁

揭傒斯《杨柳青谣》

河西郎河西焼燭河東光日〻相迎蒿墙下朝
朝相送蒿蘺傍河邊病叟長廻首送兒北去還
南走昨日臨清賣蒿回今日販魚苑花口連年
水旱更無蚕丁力夫徭百不堪惟有河邊守墳
墓數株高樹晚相参
雜詩四首寄彭通復
日月麗中天列宿爛昭〻河漢高且深烏鵲以
爲橋寒霜昨夜降時菊委嘉苗地勢西北雄終
歳皆風飈玄工宰萬物時至有榮消嘗恐光景
馳不得與消揺

揭傒斯《杨柳青谣》

杨柳青

谢　迁

出处：《归田稿》（卷八）

作者简介：谢迁（1449—1531），字于乔，号木斋，浙江余姚人。出生时，家里正购得新居，故名“迁”。明成化十一年（1475）状元。授翰林院修撰，累迁左庶子。皇太子出阁，加太子少保、兵部尚书兼东阁大学士。武宗即位后，谢迁晋升为少傅兼太子太保。多次进谏遭拒绝后请辞，被皇帝慰留。直到请诛专权的宦官刘瑾不成时，与刘健一起辞官回乡。刘瑾怨恨谢迁，加以迫害。人们都为谢迁的安危担心，但谢迁仍旧下棋、赋诗，谈笑自若。刘瑾被诛后，朝廷复其官职，谢迁不受。世宗皇帝即位后，派官到谢迁家请其复职，对其厚待，天寒免入朝，赐诗，遣医赐药、赐酒。谢迁逝世后，明世宗特赠太傅衔，谥号文正。

谢迁自幼聪明。七岁，能属对。其祖父与夜坐，偶闻蛙声，随曰：“蛙鸣水泽，为公乎？为私乎？”迁应声余曰：“马出河图，将治也？将乱也？”其祖父遂奇之。一日，一客出对曰：“白犬当门，两眼睁睁惟顾主。”谢迁应声道：“黄蜂出洞，一心耿耿只随王。”于是，人们都知道他必是公辅之器。

《明史》称：“迁仪观俊伟，秉节直亮。与刘健、李东阳同辅政，而迁见事明敏，善持论。时人为之语曰：‘李公谋，刘公断，谢公尤侃侃。’天下称贤相。”

《钦定四库全书·〈归田稿〉提要》称其“所作诗文大抵词旨和平，惟惓惓焉托江湖魏阙之思，以冀其君之一悟。老臣爱国之心实有流溢于不自觉者”。

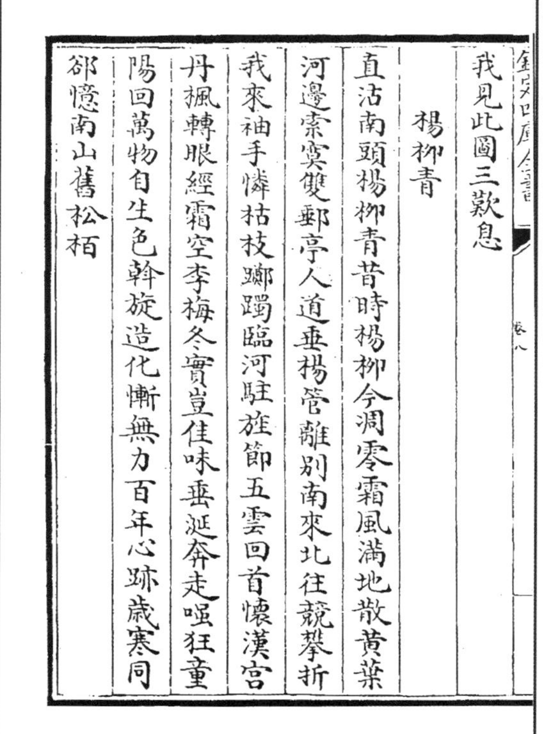

我見此圖三歎息

楊柳青

直沽南頭楊柳青昔時楊柳今凋零霜風滿地散黃葉
河邊索寞雙郵亭人道垂楊管離別南來北往競攀折
我來袖手憐枯枝蹣跚臨河駐旌節五雲回首懷漢宮
丹楓轉眼經霜空李梅冬實豈佳味垂涎奔走嗤狂童
陽回萬物自生色斡旋造化慚無力百年心跡歲寒同
郤憶南山舊松栢

谢迁《杨柳青》

别汪子维舟次杨柳青有寄

潘 纬

出处：《潘象安集》（卷二）

作者简介：潘纬（生卒年不详），字仲文，一字象安，歙县人。明万历年间，以监生授武英殿中书舍人。

潘纬垂髫之年即能作诗，隐居于白岳（今安徽齐云山）之下，不随便与人交往。曾在隆庆朝为内阁首辅的李春芳闻其才行，延请三反乃往，为布衣之交。李春芳命其子以兄长事之。当时，公卿大夫都上门相见。曾因其妻未生子而在真州买妾。遇到因还债而卖女儿者，潘纬把钱都给了他，让他回家。在李春芳门下十年，之后出任中书舍人。撰有《潘象安诗集》。

明代著名戏曲家、抗倭名将汪昆称潘纬“当世以布衣雄者二，得象安而三”，“古者诗在闾巷，当世率以反舌，而诋布衣，如得象安一鸣，则希有鸟也”。

钱谦益在《列朝诗集》中称潘纬的诗“攻苦精思，摆落凡近，如秋水芙蓉，亭亭自远”，称潘纬在当时的诗人群中“厚自拂拭，俪然自远，视一时才笔之士，殆如独鹤之在鸡群，而时人或未之知也，当与具眼人共推之耳”。

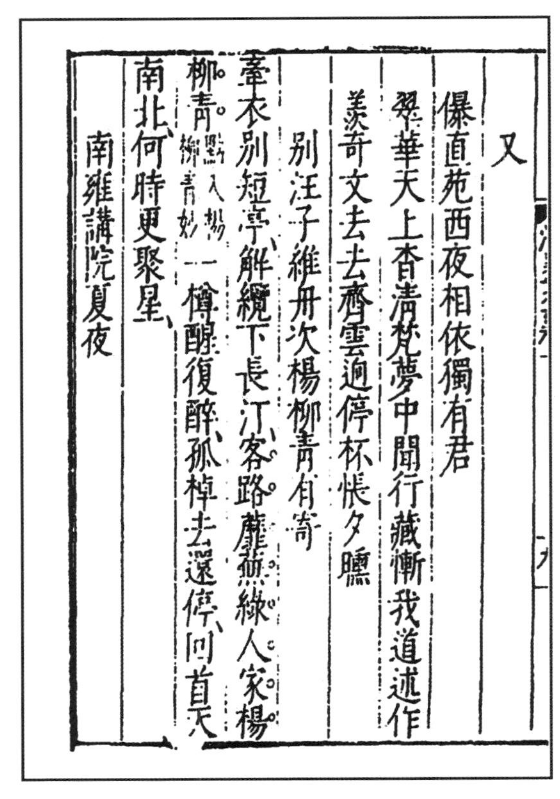

又
儤直苑西夜相依獨有君
翠華天上杳清梵夢中聞行藏慚我道述作
羡奇文去去齊雲逈停杯悵夕曛
别汪子維舟次楊柳青有寄
牽衣别短亭解纜下長汀客路蘼蕪綠人家楊
柳青點入楊柳青妙一樽醒復醉孤棹去還停回首天
南北何時更聚星
南雍講院夏夜

潘纬《别汪子维舟次杨柳青有寄》

杨柳青

吴承恩

出处：《射阳先生文存》（卷一）

作者简介：吴承恩（1506—1583），字汝忠，号射阳山人，淮安府山阳县人。吴承恩科举中屡遭挫折，嘉靖中补贡生。嘉靖四十五年（1566）任浙江长兴县丞。殊途由于宦途困顿，晚年绝意仕进，闭门著述。著作被编为《射阳先生文存》。

现存明刊百回本《西游记》均无作者署名，最先提出《西游记》作者是吴承恩的是清代学者吴玉搢。他在《山阳志遗》中介绍《淮贤文目》，载《西游记》为先生著。但这一说法并无确实佐证，《淮贤文目》载《西游记》仅为目录，并不能确定就是小说《西游记》。因此，吴承恩是否为《西游记》的作者一直为学术界争论。

明天启《淮安府志》称吴承恩"性敏而多慧，博极群书，为诗文下笔立成，清雅流丽，有秦少游之风。复善谐谑，所著杂记几种，名震一时"。清嘉庆《长兴县志》称其"性耽风雅，作为诗，缘情体物，习气悉除。其旨博而深，其辞微而显，张文潜后殆无其伦"。

燒燭迷粧閣春旗隔步廊兩眉京兆畫三日令君香裙
窄芙蓉衩釵危翡翠梁羡他雙海燕先占鬱金堂

楊柳青

村旗誇酒蓮花白津鼓開帆楊柳青壯歲驚心頻客路
故鄉回首幾長亭春深水漲嘉魚味海近風多健鶴翎
誰向高樓橫玉笛落梅愁絕醉中聽

田園即事

大溪小溪雨已過前村後村花欲迷老翁打鼓保社裏

欽定四庫全書　　明詩綜　　三十八

吴承恩《杨柳青》

静海途中杂咏

爱新觉罗·弘历

出处：《御制诗三集》（卷九十五）

诗作背景：乾隆三十六年（1771）二月甲戌日（初三），乾隆帝奉皇太后自圆明园启銮巡幸山东。己卯（初八日）御舟驻跸杨柳青湖洋庄（即今天津市西青区胡羊庄）。这组诗就是其巡幸山东路过杨柳青和当城、沙窝时所作。

作者简介：清高宗爱新觉罗·弘历（1711—1799），清朝第六位皇帝。其在位时年号为乾隆，前后一共六十年，起止时间为公元1736年至1796年。他曾经数次路经杨柳青，至今杨柳青存有与他相关的传说。多有诗作，辑录于《御制诗集》。

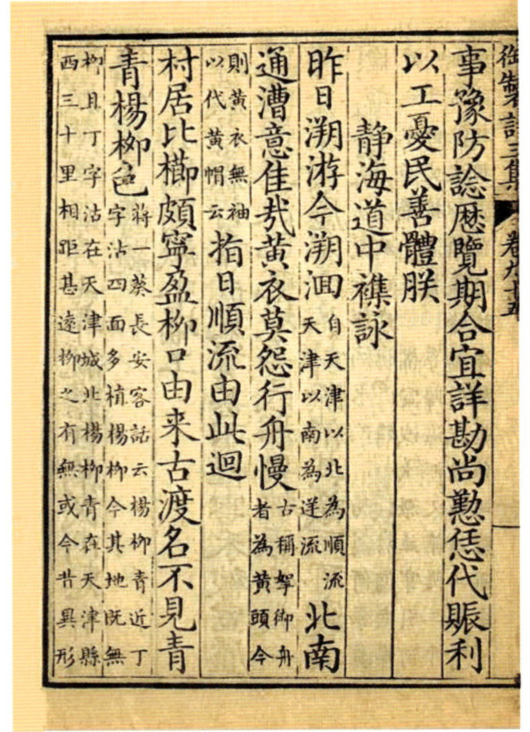

御製詩三集 卷九十五

事豫防諗歷覽期合宜詳勘尚懃恁代賑利以工憂民善體朕

靜海道中襍詠

昨日溯游今溯洄（自天津以北為順流 天津以南為逆流）北南通漕意佳哉黃衣莫怨行舟慢（古稱挐御舟者為黃頭今則黃衣無袖以代黃帽云）指日順流由此迴

村居比櫛頗寧盈柳口由来古渡名不見青楊柳色（蔣一葵長安客話云楊柳青近丁字沽四面多植楊柳今其地既無柳且丁字沽在天津城北楊柳青在天津縣西三十里相距甚遠柳之有無或今昔異形）

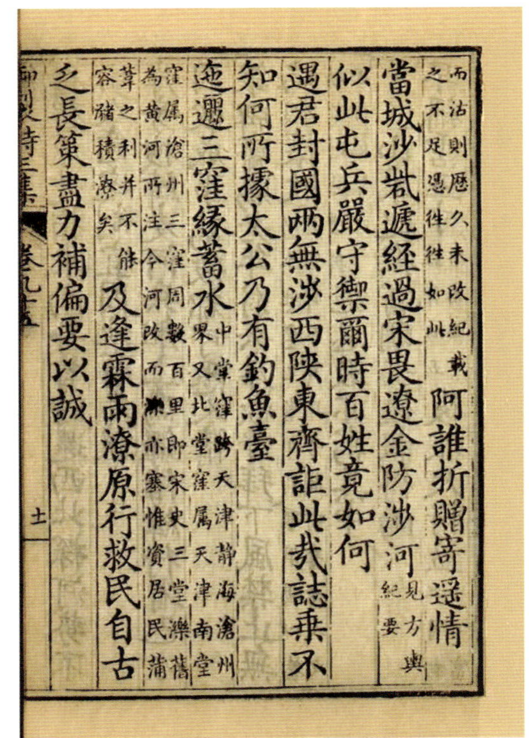

（而沽則歷久未改紀載之不足憑往往如此）阿誰折贈寄遥情

當城沙嶺遞經過宋畏遼金防涉河（見方輿紀要）似此屯兵嚴守禦爾時百姓竟如何

遇君封國兩無涉西陝東齊詎此哉誌乘不知何所據太公乃有釣魚臺

迤邐三窪緣蓄水（中窪跨天津靜海滄州界中又北窪屬天津南窪屬滄州三窪周數百里即宋史三堂濼舊為黃河所注今河改而濼亦寨惟資居民蒲葦之利并不能容瀦積潦矣）及逢霖雨潦原行救民自古乏長策盡力補偏要以誠

爱新觉罗·弘历《静海道中杂咏》

过杨柳青村因作柳枝词

爱新觉罗・弘历

出处：《御制诗四集》（卷三十六）

诗作背景：据《清实录》记载，乾隆四十一年（1776）二月二十五日，乾隆帝奉皇太后启銮巡幸山东。此时历时五年多的再战金川之役告捷。为庆祝胜利，乾隆帝先后拜谒东、西两陵，再东巡山东，祭告泰山。辛未日（农历二十九，公历4月17日），御舟驻跸杨柳青胡羊庄水营。这三首柳枝词就是在这个过程中所作。

可度（入聲）津瀛通歲幸收宜（自興濟捷地改埽役南運河減瀉有資津城連歲不被水
志雖潦漲稍盛叅禾仍得有收）民生攸繫資公議河務非嫺祛已私撲
字數間仍備憩志寧茲在謂多茲

過楊柳青村因作柳枝詞三首

底論柘枝與竹枝試聽即景柳枝詞祖鞭雖屬劉和白
勝日巡方此一時
拂岸青青罕嫩梢籠村已欲綠陰交桃關此日多歸馬
誰復封侯歎悔教

欽定四庫全書　御製詩四集　三

欽定四庫全書　卷三十六

幾番（去聲）秋還幾番春世間欣戚那能均徒觀嬝嬝垂絲
者豈少無端折贈人

獨流覽古

獨流北復獨流東河渠志紀宋元豐爾時尚應為內地
然已防禦謹其衝當城築砦嚴備北咸平建議更在昔
寇準孤注徒爾為北強南弱由來識界河劃疆各守邊
燕巢無事安以權不記創業藝祖語卧榻側豈容人眠
勃興崛起風雲盛匪其時合靜以聽即欲有為當擇人

爱新觉罗・弘历《过杨柳青村因作柳枝词》

柳口①七歌

管干珍

出处：《松崖诗钞续集》（卷之二）

作者简介：管干珍（1734—1798），又名干贞，字阳复，号松崖，常州人。清代名臣、学者。乾隆三十一年（1766）管干珍中进士，历任翰林院编修、贵州道御史、内阁学士、工部侍郎，乾隆五十四年（1789）起任漕运总督。管干珍中进士时，礼部让他改“贞”为“珍”，乾隆六十年（1795），命他仍用原名。在任漕运总督时，他的干练公允得到乾隆帝的称赞。嘉庆元年（1796），“户部议江、浙白粮全运京仓，以羡米为耗，浙江运丁如议交运。干贞以江南馀米较少，执议不行”，被革职。嘉庆三年（1798）去世。有《五经一隅》《明史志》《松崖诗钞》等多部著作传世。

松崖詩鈔 卷之二 十一

淮山千里月愛惜先輩去秋栽已共蘭舟至須尋
竹訊回清宜承露入香不待風来恐使臨淵冷
幽花獨自開

柳口七歌

一歌兮醽雞秋水濶兮洞庭西風棲兩泊胡不
歸海若揚波蛟龍肥
再歌兮蠏胥稻粱江隴兮秋何如海隅清波入
鹵舄薄寒中人訾不得
三歌兮邨何濕蘺翳霧兮生新蛾弁飛撲撲秋

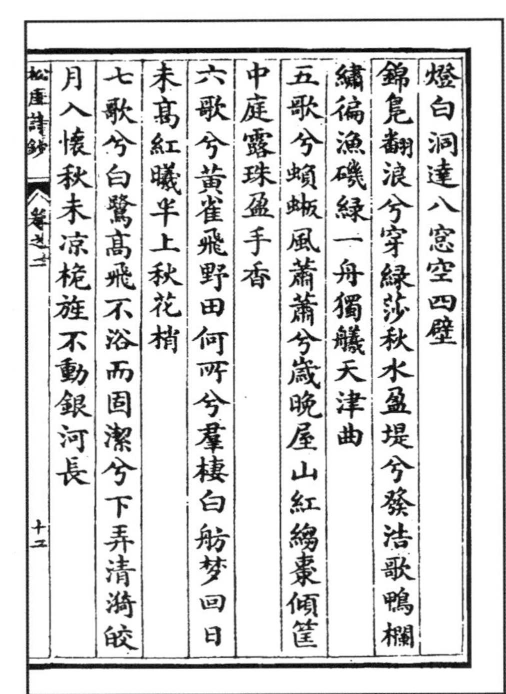

燈白洞達八窓空四壁
錦鳧翻浪兮穿綠莎秋水盈堤兮發浩歌鴨欄
繡偏漁磯綠一舟獨艤天津曲
五歌兮蟛蜞風蕭蕭兮歲晚屋山紅綿棗傾筐
中庭露珠盈手香
六歌兮黃雀飛野田何所兮羣棲白舫梦回日
未高紅曦半上秋花梢
七歌兮白鷺高飛不浴而固潔兮下弄清漪皎
月入懷秋未涼桅旌不動銀河長

松崖詩鈔 卷之二 十二

管干珍《柳口七歌》

①柳口，杨柳青之旧称。

画作坊

崔 旭

出处：《津门百咏》

作者简介：崔旭（1767—1846），字晓林，号念堂，直隶天津府庆云县人。清道光六年（1826），崔旭出任山西省蒲县知县，后兼理大宁县事，政声卓著，深受乡民爱戴。道光十三年（1833），其因病引退归里，潜心著述，作品有《念堂诗话》等。

崔旭性颖悟，自少好学，尤喜诗歌。嘉庆五年（1800）庚申八月，被称为“性灵派三大家”之一的张问陶充顺天乡试同考官，取中崔旭、梅成栋、姚元之等人，崔、梅、姚合称“张门三才子”。

翰林、礼部侍郎陶梁称其诗“醇古淡泊，味之弥永，譬诸精金百炼，宝光内含”。

作者生卒年其说不一，有说1767—1845的，有说1767—1847的。赵沛霖《天津清代诗人生卒年考索》称：“《念堂诗草》卷五《平山堂》诗题下注云：‘道光二十三年癸卯作，时年七十有七。’道光二十三年癸卯为1843年，故知其生年为乾隆三十二年（1767）。集中还有类似注文数处，推证结果均与此同。《大清畿辅书征》云其‘公余不废吟咏，告归，卒年八十’。据此可推知其卒年为道光丙午（1846）。”本书从其说。

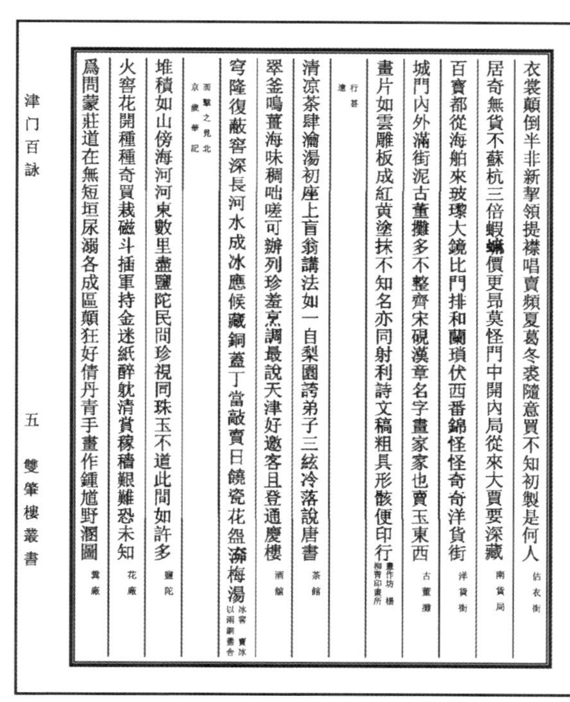
衣裳顛倒半非新挈領提襟唱賣頻夏葛冬裘隨意買不知初製是何人 估衣街
居奇無貨不蘇杭三倍蝦蟖價更昂莫怪門中開內局從來大賈要深藏 南貨局
百寶都從海舶來玻璨大鏡比門排和蘭瑣伏西番錦怪怪奇奇洋貨街 洋貨街
城門內外滿街泥古董攤多不整齊宋硯漢章名字畫家家也賣玉東西 古董攤
畫片如雲雕板成紅黃塗抹不知名亦同射利詩文稿粗具形骸便印行 畫作坊 楊柳青印畫所
行甚遠
清涼茶肆瀹湯初座上盲翁講法如一自梨園誇弟子三絃冷落說唐書 茶館
翠釜鳴薑海味稠咄嗟可辦列珍羞烹調最說天津好邀客且登通慶樓 酒館
穹隆復蔽窖深長河水成冰應候藏銅盞丁當敲賣日饒瓷花盌瀹梅湯 冰窖 賣冰以兩銅盞合
面擊之見北京歲華記
堆積如山傍海河河東數里盡鹽陀民問珍視同珠玉不道此間如許多 鹽陀
火窨花開種種奇買栽磁斗插軍持金迷紙醉躭清賞穡稽艱難恐未知 花廠
爲問蒙莊道在無短垣尿溺各成區顛狂好倩丹青手畫作鍾馗野溷圖 糞廠

津门百詠 五 雙肇樓叢書

崔旭《画作坊》

年　画

李光庭

出处：《乡言解颐》（卷四）

作者简介：李光庭（1773—1831），字大年，号扑园。天津宝坻人。清乾隆六十年（1795）得中举人，以内阁中书出任湖北黄州知府。助民修水利，有时誉。但他不得上级官员喜爱，乞归。久居北京，以诗自娱。著有《虚受斋诗钞》《乡言解颐》等。据专家考证，出自《乡言解颐》中的本诗是第一次把春节时贴的画称为年画，此前一般称为“画片”“卫画”等。

《乡言解颐》刊行于乾隆三十年（1765），书并未署作者名。根据周作人考证，确定作者为李光庭。《晚晴簃诗汇》称其诗“工于咏物”。

鄉言解頤　卷四　物部上　七

義。莫謂儒宮陋常將敝帚儲廬爲吾所愛
塵與歲俱除香穗衣籌簇梅花紙帳舒紗籠
重檢點珍護數行書

年畫

掃舍之後便貼年畫稚子之戲耳然如孝順
圖莊稼忙令小兒看之爲之解說未嘗非養
正之一端也。依舊胡盧樣春從畫裏歸手
無寒具礙心與臥遊違賺得兒童喜能生蓬

華輝耕桑圖最好彷彿一家肥

饅頭

臘月望後便蒸饅頭分有餡無餡二種有細
作者揀麥磨麪煞費工夫鄉人有磨麪先洗
驢之誚賣麪者曰重羅家作至於四羅攙冰
花糖以模印之其白如雪面有銀光謂之白
包子近日京師山左人家作者最精昔年家
鄉亦有能作者今失傳矣。羣釜湯初沸筠

鄉言解頤　卷四　物部上

李光庭《年画》

津淀词

斌　良

出处：《抱冲斋诗集》（卷九）

作者简介：斌良（1771—1847），字吉甫，又字笠耕、备卿，号梅舫、雪渔，晚号随葊，瓜尔佳氏，满洲正红旗人。初以荫生捐主事。历官刑部侍郎，为驻藏大臣。

有“一代文宗”之称的阮元为其诗集作序，称其诗“处处雅饬，可称作家”。

家款竹莊
畫樓晚晚駐春多繞砌葳蕤鬬錦簾風定涼生人撫檻幾痕乾
雪鷺鷥過
菀表一粟枕通津觸撥香禪悟契眞欲倩畫師摹粉本臥遊差
勝蠡車茵
喜侍御和精額贈荔枝
何來青雀舫遠送絳羅襦海月隨潮滿晶丸拓掌無色香都未
減朱紫格應殊一品誇腴美君謨譜舊圖
津淀詞六言
賽會鷗絃初作嬉春線帖全停郎待桃花港口妾依楊柳村青
桃花口楊柳青皆地名
慣種豆萁一頃盼收禾黍千塍學得江南栽植西風穲稏初登

天津向不種稻始於明汪應蛟傳江南種地法
東沽西沽淥漲南客北客船歸亦有季鷹秋興稻田紫蟹初肥
風急溪花飄影堰高煙樹搖晴正值鄉思無那玉盤捧出空明
倘入五都郊隧鞦韆柵瑚木難番舶連朝應到獠奴時相風竿
雙塘
松牌柳驛路程程亭堠單雙管送迎船底水聲篷背雨征人聽
得最分明
流河驛農家林亭頗得幽趣來時曾艤舟散步歸舟復
經其地溪柳搖落秋風送涼感時紀行復題二絶
林陰層構藤飛甍柳栗曾拖步晚晴瞥眼鶯黃染疏柳溼花依
舊水風聲
瓜廬掩映帶坡陀燕燕差池尾掠波稻刈葵烹場圃淨柴門雲

斌良《津淀词》

思　归

张　愚

出处：《津门诗钞》（卷一）

作者简介：张愚，字若斋（1500—1552），明嘉靖壬辰科殿试二甲第四十六名进士，是明代戍边名将，曾任延绥镇（明代九个边防重镇之一）巡抚之职。庚戌之变中曾有北京救驾之功。因其在都察院做御史中丞，故而称其为张大中丞，著有《蕴古书屋诗文集》《浙西海防稿》。去世后，入祀天津（府、县）乡贤祠。

《卫志》记载：“愚由户部主事，历升右都宪。赋性刚直，莅政明敏。巡抚延绥，严饬戎务，边境乂安。钦赐蟒玉。以劳瘵卒于官。赐谕祭，荫一子。”其家在天津老城有懋功祠，后人定居杨柳青。其宅为杨柳青最早的大宅门之一，据说其家出过会元，故被百姓误传为状元府。

张愚去世后葬于杨柳青镇东南。墓修建于明嘉靖三十一年（1552），崇祯四年（1631）重修。因墓地原有高大封土堆、牌坊、享堂、石五供、燎炉、石羊、石马、翁仲等，其后人被称为“石马张家”。

张愚墓前有徐光启撰文的《重修张大中丞公墓碑记》。据碑文载，张愚镇守延绥时：军中感愤乐战，有投石超距之气，皆愿得一当虏，而公特严防御，以伺叵测，不欲邀功。所修筑城堡，墩台四千六百所，特有备以无患，每遇虏入寇，出拒战，斩首辄百许级，所获器械，名马以数千计，时套贼入犯辄不利，乃相戒曰：“张太师在，我何以自贻伊慼。”于是，督府及部使者上功格，赐宝钞、飞鱼锦嘉劳之。未及满秩而卒。奇谋秘画，多不传于世。

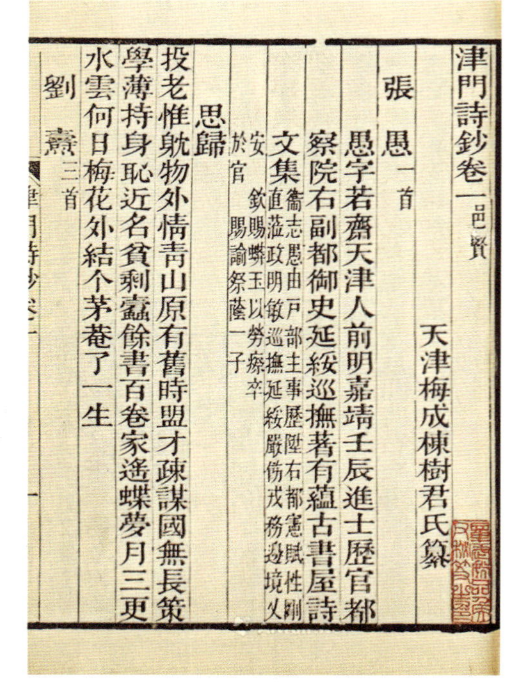

津門詩鈔卷一　邑賢

天津梅成棟樹君氏纂

張愚　一首

愚字若齋天津人前明嘉靖壬辰進士歷官都察院右副都御史延綏巡撫著有蘊古書屋詩文集　衞志愚由戶部主事歷陞右都憲賦性剛直蒞政明敏巡撫延綏嚴飭戎務邊境乂安　欽賜蟒玉以勞瘵卒於官　賜諭祭廕一子

思歸

投老惟躭物外情青山原有舊時盟才疎謀國無長策
學薄持身恥近名貧剩蠹餘書百卷家遙蝶夢月三更
水雲何日梅花外結个茅菴了一生

劉燾　三首

张愚《思归》

失 题

汪 来

出处：《畿辅明诗存》

作者简介：汪来（生卒年不详），字君复，又字伯阳，号北津，明嘉靖二十年（1541）辛丑科进士〔原有文献误将其嘉靖十三年（1534）中举人记作中进士〕。其任刑部山西司主事，出为陕西庆阳府知府，后升任山西兵备副使。集有关庆阳的事迹诗文为《北地纪》四卷。《北地纪》入《四库全书提要》，但仅存目，书已失传。汪来去世后，入祀天津（府、县）乡贤祠，密云名宦祠。

汪来的先祖为唐越国公汪华，至今南方广大地区仍有祭祀活动。明初汪华后人汪名仲因戍边，落户天津城西汪庄子（今西青区中北镇汪庄子）。

汪来为官严毅，不避权贵，地方豪姓闻风敛迹。辞官归家后，“不妄通简牍。冠盖到门，键户不纳。日以诗文自娱”。

太學題名碑錄汪來直隸天津衛軍籍嘉靖二
十年辛丑科三甲第一百九十七名進士
畿輔明詩存汪來字北津七律二首云憶昔曾爲北地
守邊陲日日事干戈黃羊嶺暮草花盡白馬川寒烽
燧多月滿關山悲戍笛秋深瀚海聽朝歌只今卧病
遙相憶萬里蒼茫起夕波直沽日月坐烟霏籬樺門
蓬生事微萬里江帆秋水闊一聲漁笛夕陽歸入雲
孤鶴上還下出沒雙鳧鳴且飛最是野人多逸興西
風吹破
芰荷衣
王士禎新城縣新志序以余所聞見前明郡邑之志
不啻充棟而文簡事覈訓詞爾雅無如康對山志武
功其他若王渼陂志鄠呂涇野志高陵韓五泉志朝
邑汪君復志北地其志地率秦地皆比美於對山者故
余嘗謂前明郡縣之志無愈秦
者以其猶有黃圖遺錄之遺焉
董份明故承德郎刑部山西司主事樂菴汪翁配安
人張氏合葬墓志銘汪故甯國人其先越國公之裔
明興有名仲者戍天津因家焉遂爲天津汪氏名仲
生禮禮能力本居業以財雄而禮有六子濟濬瀛淮

汪来《失题》

游华藏庵

董积厚

出处：《静海县志》

作者简介：董积厚（1608—1677），字见省，杨柳青董氏族人，生活在明末清初。明崇祯十五年（1642）、清顺治十四年（1657）分别中副榜。顺治十一年（1654）任州判改河南阳武县丞。因为官勤慎清廉，当地士绅给他送匾：赞符河阳，清标博浪。当地潭口寺因河水决堤被冲坏，他奉命修缮，工作积极，被当地人称为“董佛”。其自幼嗜古勤学，尤善作诗。康熙版《静海县志》收有他的两首诗。

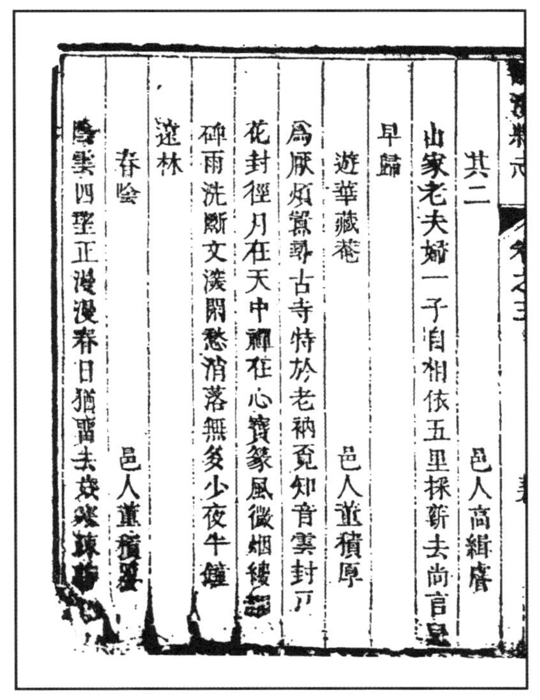
其二　邑人高緝睿
山家老夫婦一子自相依五里採薪去尚官早
早歸
遊華藏菴　邑人董積厚
爲厭煩囂尋古寺特於老衲覓知音雲封戶
花封徑月在天中禪在心寶篆風微烟縷細
碑雨洗斷文淺閑愁消落無多少夜半鐘
遊林
春陰　邑人董積厚
陰雲四壁正漫漫春日猶留去歲寒

董积厚《游华藏庵》

雪夜遣怀

牛天宿

出处：《津门诗钞》（卷二十一）

作者简介：牛天宿（1664—1736），字戴薇，号青延，静海（《西青区志》称今西青区精武镇牛坨子村）人。清康熙二十六年（1687）举人，四十二年（1703）进士。广西柳州府融县知县，吏部主事，河南同知。著有《谦受堂诗草》。

同治版《静海县志》称其“读书过目不忘，年十二下笔有奇气”，“所作诗、古文、词、杂作，积而成卷，具精卓可传”。

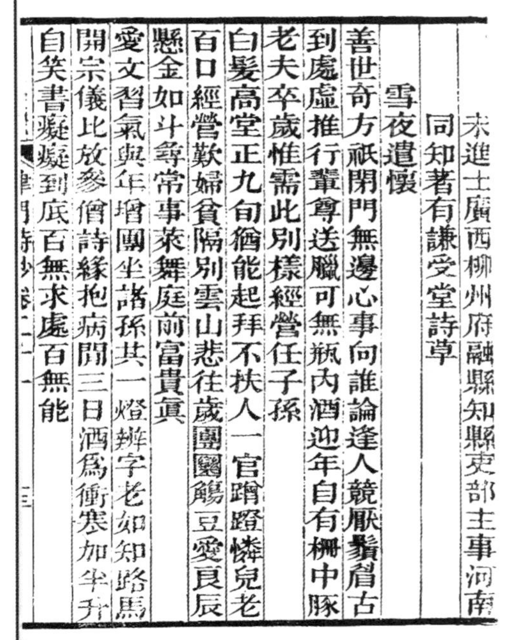

未進士廣西柳州府融縣知縣吏部主事河南同知著有謙受堂詩草

雪夜遣懷

善世奇方祇閉門無邊心事向誰論逢人競厭鬚眉古到處虛推行輩尊送臘可無瓶內酒迎年自有栅中豚老夫卒歲惟需此別樣經營任子孫

白髮高堂正九旬猶能起拜不扶人一官蹭蹬憐兒老百口經營歎婦貧隔別雲山悲往歲團圞鷄豆愛良辰懸金如斗尋常事萊舞庭前富貴真

愛文習氣與年增閑坐諸孫共一燈辨字老如知路馬開宗儀比放參僧詩緣抱病閒三日酒爲衝寒加半升自笑書癡癡到底百無求處百無能

牛天宿《雪夜遣怀》

牛天宿朱卷

朱卷是明清两代，为防考官徇私舞弊，在乡试及会试场内，应试人原卷（即墨卷）封糊姓名，由专人用朱笔誊写一遍，送交考官批阅的试卷。朱卷一般先载姓名履历，继载始祖以下尊属及兄弟叔侄、妻室子女，附载受业、受知师，最后选登文章数篇。朱卷是对应试人相关材料的详细记录。

牛天宿的履历在另页，也没有记载其家属情况，只收录了其应试所作的八股文。虽然如此，但旧时能够有财力刊刻朱卷的人不多。这份朱卷仍是研究西青历史文化，特别是牛氏父子的重要文献。

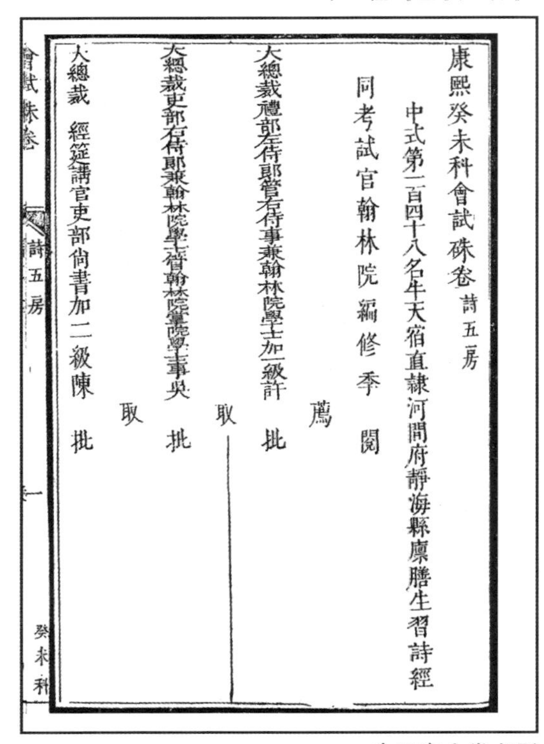

康熙癸未科會試硃卷 詩五房

中式第一百四十八名牛天宿直隸河間府靜海縣廩膳生習詩經

同考試官翰林院編修季 閱 薦

大總裁禮部左侍郎管右侍事兼翰林院學士加一級許 批 取

大總裁吏部右侍郎兼翰林院學士管翰林院掌院學士事吳 批 取

大總裁 經筵講官吏部尚書加二級陳 批

牛天宿朱卷书影

恭赋御制岸柳溪声月照阶

牛思任

出处：《津门诗钞》（卷二十一）

作者简介：牛思任（1692—1782），字巨膺，号伊仲。牛天宿之子。康熙五十三年（1714）举人，同年联捷进士。历官江西南城县、河南尉氏县知县。

同治版《静海县志》称其“性敏达，喜读书”。在南城任知县时“视事明察，公务旁午，理之裕如，曾检旧卷，脱一人于大辟。邑中巨奸敛迹，士民感颂”。在尉氏县任知县时，他“下车既兴工挑筑水利，瘠田饶沃，一邑赖之”。其为人“性廉静，俸外毫无所取，邑人馈遗皆不受。告归后，两袖清风，依然寒素焉”。

牛思任 二首

思任字鉅膺號伊仲康熙甲午乙未聯捷進士

歷官江西南城縣河南尉氏縣知縣

和高穀齋重陽後十日同元允修遊西山喜遇阿雲舉作

官散多暇日秋光牽我情鬱彼西山側峰巒互縱橫重陽去未遠天地亦寥清折簡招名流攜壺出鳳城杳杳翠微巔沈沈落雁聲芸閣香案吏異境恰相逢把袂尋幽討偏覓步履輕漱齒青石澗摩崖自記名登高乘酒興一嘯谷風生眞源何處是爲我問崆峒

恭賦 御製岸柳溪聲月照階

簾鉤初捲御屛香水殿偏宜納晚涼樹影千層含雨露

聲十里奏笙簧華簷高幷銀蟾冷素魄斜生玉陛光遙憶 宸襟欣對景揮毫酬月五雲章

牛思凝 十首

思凝字方巖乾隆丙辰舉人乙丑進士由山東知縣任貴州正安州普安州知州黎平府同知太定府知府著有謙受堂詩草

仲夏望四更得月

每逢月望望月出但見蠻烟不見月屈指朦朧十二旬自分此生與月別況値長夏氣炎蒸仰見形雲如積雪夜深無語坐闌干不若夢中遊廣寒欹枕翩然來赤壁攜酒與魚上激湍扁舟一葉十三人彷彿東武坐[illegible]正欲舉觴灘聲急醒聞鼠嚙坡仙集臥呼家僮速驅之

牛思任《恭赋御制岸柳溪声月照阶》

昭通道中

牛思凝

出处：《津门诗钞》（卷二十一）

作者简介：牛思凝（1702—1755），字方岩，牛天宿之侄。清乾隆元年（1736）举人，乾隆十年（1745）进士。先后任山东肥城知县、诸城知县，贵州正安州、普安州知州，黎平府同知，太定府知府。著有《谦受堂诗草》。因病卒于故乡。

民间传说他在诸城任上曾得罪权臣刘墉，被明升暗降。有根据此传说创作的新编戏剧《三升官》。

同治版《静海县志》称其“文名重一时”，“时以大才未展惜之”。

暮起炊烟一縷斜萬重深樹有人家崎嶇撥草尋荒徑
踏遍山山黃玉花
昭通道中
三年踏遍夜郎溪又向滇南聽曉雞秋水乍漂紅葉冷
寒山自繞白雲低人逢曠野初開眼馬到平沙欲放蹄
萬里飄蓬燕市客故鄉風景動樓迷過威寧已交雲南界平沙衰草大類北省
古櫟歌序 擢白山中有櫟樹一幹甚古出枝倒垂
入地又生根株望之若瓜瓣然奇而歌之
水西接大荒曩爲安氏窟一白苗疆開率酋依 化日
童婦入編戶草木皆含茁獨有菁之櫟恣態近狂猶霜
皮五十圍高與丈咫匹禿頹不起幹而非經斧鑕凌頂

牛思凝《昭通道中》

酬赠慈珍上人

眼　觉

出处：《津门诗钞》（卷三十）

作者简介：眼觉，生卒年不详，字大空，俗姓杨，青县人。住锡杨柳青白衣庵，与梅成栋交好。

《津门诗钞》按语说：大空髫年落发。性明慧，日读百行，通儒书，遍阅梵典，学为吟咏。自以文翰为僧家余事，不肯炫饰。日参禅理，贫无妄求，人钦重之。

爲靜峰師敬賦
自覺從前世念輕老來任運樂閑情芒鞋竹杖春三月
紙帳梅花夢五更求佛求仙皆妄想無憂無慮即修行
松風昨夜熾然說祇是聾人不肯聽
酬贈慈珍上人
彼來非妄動爲道訪名師性地果無垢心花開有時斷
常見俱泯動靜總相宜惜我荒文業難酬君賦詩
悼均實和尚化去
曾開覺苑種奇花賢首門中老作家獅子騰身無定跡
從今誰是指南車
聞法五首
僧滿洲人繙譯舉人俗名文捷削髮天津城

眼觉《酬赠慈珍上人》

徐湛恩《通介堂诗稿》

《通介堂诗稿》由清山东巡抚徐绩编辑、出版，是对运河副总督徐湛恩所写诗稿的辑录，为西青地区五部古诗集之一（另外四部是明右副都御史、延绥镇巡抚张愚的《蕴古书屋诗文集》，明山西兵备副使汪来的《北地纪》第四卷，清牛天宿、牛思任、牛思凝三人的《谦受堂诗草》、清末天津诗坛领袖杨光仪的《碧琅玕馆诗钞》），是西青区不可多得的文学成果。

徐湛恩长期管理运河，而且颇有功于运河事务，诗稿的编者徐绩也曾任山东河道总督，可以说《通介堂诗稿》本身也是运河文化的重要文献。

徐湛恩罢官后卜居大侯庄（今属天津市西青区王稳庄镇），后辈多有从政者。其孙徐绩为山东巡抚、河南巡抚；曾孙徐泽醇为山东河道总督、四川总督；玄孙徐桐累官至体仁阁大学士，为内阁首辅。至今，大侯庄百姓仍称徐家为“徐半朝”，可见徐家在清代政坛影响之大。

《通介堂诗稿》中的《李中简序》《副河督徐公家传》《朱孝纯跋》《胡德琳跋》《徐绩跋》都涉及对徐湛恩生平、性情的描写。其中一些记述非常生动，本身既是美文，更是研究徐氏的重要史料。

徐湛恩“官侍卫扈驾应制赋《水猎诗》，称旨随膺，特达之知，改授文资”，并借机为其父徐万诜平反冤案。其事被人视为传奇，《清稗类钞》中即有《徐湛恩以武改文》的记载。

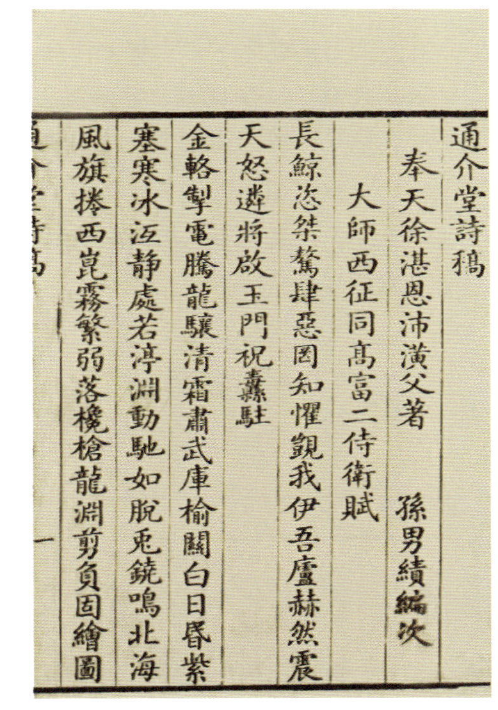
通介堂詩稿
奉天徐湛恩沛潢父著　孫男績編次
大師西征同高富二侍衛賦
長鯨恣桀驁肆惡罔知懼覲我伊吾盧赫然震
天怒遴將啟玉門祝纛駐
金輅掣電騰龍驤清霜肅武庫榆關白日昏紫
塞寒冰沍靜處若渟淵動馳如脫兎鐃鳴北海
風旗捲西崑霧繁弱落欃槍龍淵剪負固繪圖
通介堂詩稿

《通介堂诗稿》书影

徐湛恩的诗本身也颇具水平，他拜见李绂时即“奋笔和诗名传都下”。因作应制诗被康熙赏识后，更令时人“咸惊先生异才天赋”。清代著名书画家朱孝纯称徐湛恩的诗“廉直劲正，不屑屑于俪青妃白而自然合符”，“蔚然而跃龙凤，铿然而鸣韶钧。其中多有片言移人只字不朽者，正使后来怀铅椠之士穷力追之而亦只到其所能到”。清代著名文学家、诗人李中简称其诗“皆华赡流宕，自成一家之言”，“先生之诗乃可以垂后而无疑者”。

高克三《重修儒学碑记》

高克三出自杨柳青高氏家族。据清《天津县续志》等文献记载，高克三乃清乾隆三十六年（1771）辛卯科举人，历任河南伊阳县知县，署理长葛县、尉氏县、武陟县、夏邑县、汜水县知县，后改陕西省保安县知县，署理蒲城县、麟游县知县。

《重修儒学碑记》为高克三任伊阳知县，重修儒学后所作。该文“叙厥缘起，伐岩镌石，而以谂后之人”，存于道光《伊阳县志》卷六《艺文志》。

高克三《重修儒学碑记》书影

刘学谦朱卷

刘学谦（1863—1916），杨柳青人，就学于杨柳青乡绅创办的崇文书院。光绪八年（1882），乡试中举；光绪十二年（1886）丙戌科殿试，为二甲第六十名，赐进士出身，改庶吉士。详细情况见“地灵人杰”相关条目。

乾隆五十二年（1787）起，会试第一场考《四书》文三篇，五言八韵诗一首；第二场考经文五篇；第三场考策问五道，题问内容为经史、时务、政治。顺天乡试的《四书》题和贴试诗题由皇帝钦命。所以，在此文献中，我们不但可以看到刘学谦应会试、乡试的八股文，还可以看到其五言八句诗两首。

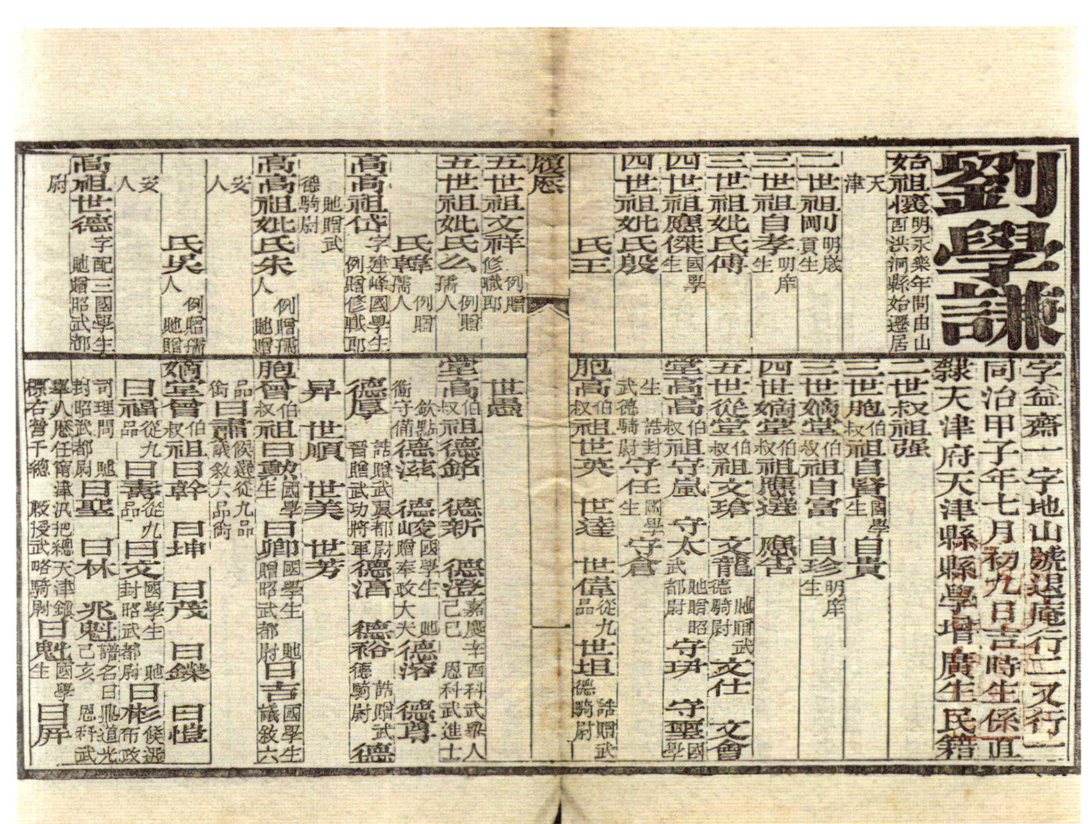

劉學謙

始祖懷 明永樂年間由山西洪洞縣始遷居
天津
二世祖剛 明歲貢生
三世祖自孝 明庠生
三世祖妣氏傅
四世祖應傑 國學生
四世祖妣氏殷
氏王
五世祖文祥 例贈修職郎
五世祖妣氏么 例贈孺人
氏韓 例贈孺人
高高祖佾 字建峰 國學生 例贈修職郎 貤贈武德騎尉
高高祖妣氏朱 例贈孺人 貤贈安人
氏吳 例贈孺人 貤贈安人
高祖世德 字配三 國學生 貤贈昭武都尉

字益齋 一字地山 號退庵 行二 又行一
同治甲子年七月初九日吉時生 係直
隸天津府天津縣縣學增廣生 民籍
二世叔祖強
三世胞伯叔祖自賢 國學生 自貴
三世嫡堂伯叔祖自富 自珍 明庠生
四世嫡堂伯叔祖應選 應[illegible]
五世從堂伯叔祖文珍 文龍 貤贈武德騎尉 文仕 文會
堂高伯叔祖守嵐 守太 貤贈武都尉 昭武 守玠 守璽 國學
生 誥封武德騎尉 守任 國學生 守倉
胞高伯叔祖世英 世達 世偉 從九品 世垣 誥贈武德騎尉
世[illegible]
堂高伯叔祖德銘 德新 德澄 嘉慶辛酉科武舉人 己巳恩科武進士
欽點衛守備 德滋 誥贈武顯都尉 德峻 國學生 貤贈奉政大夫 德[illegible] 德尊
德厚 晉贈武功將軍 德清 德裕 誥贈武德騎尉 德[illegible]
昇 世順 世美 世芳
胞曾伯叔祖曰勲 國學生 曰卿 國學生 貤贈昭武都尉 曰吉 國學生 議敘六
曰[illegible] 候選從九品 議敘六品銜
嫡堂曾伯叔祖曰幹 曰坤 曰茂 曰鑅 曰愷 候選
曰福 從九品 曰壽 從九品 曰交 國學生 封昭武都尉 曰彬 布政司理問 貤封昭武都尉
曰聖 曰林 兆魁 己亥恩科武 曰魁 國學生 曰屏

刘学谦朱卷首页书影

杨光仪《碧琅玕馆诗钞》

杨光仪 (1822—1900)，字香吟、杏农、庸叟，津西木厂庄（今西青区辛口镇木厂村）人，清咸丰二年（1852）举人。清末津门诗坛领袖。详细情况见“地灵人杰”相关条目。

《碧琅玕馆诗钞》及《碧琅玕馆诗续钞》是杨光仪的重要诗集，共计收录杨光仪诗作671首。书中记录了如城南大火、水西庄决口、天津赈恤、丁丑大旱等天津重大时事，也表达了诗人忧国忧民，乃至励志、自责的心迹。“诗钞”与“续钞”得到了当时文人名士的重视，梅宝璐、华鼎元、于士祜、李庆辰、吴昌硕、徐士銮等为其作序、题跋、题诗。杨光仪的诗本身也得到了推崇。徐世昌称：“香吟先生诗，绰有风调，是袭崔念堂、梅树君之余韵者。”

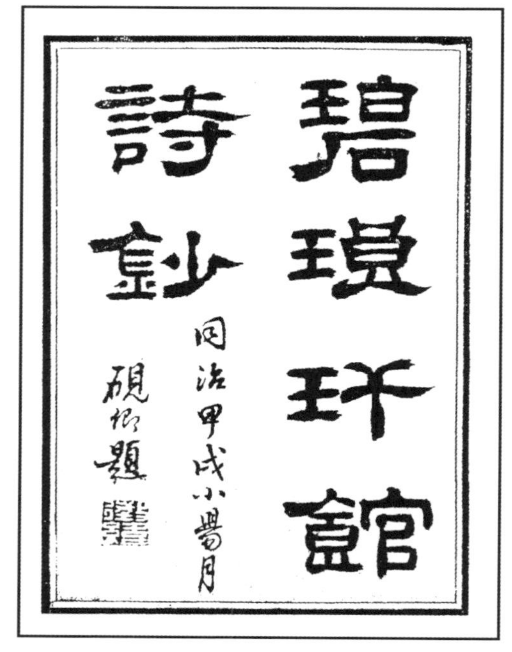

杨光仪《碧琅玕馆诗钞》书影

高桐轩诗画

高桐轩（1835—1906），本名荫章，杨柳青人，出生于经堂庙胡同，其父为布缎商人。高桐轩自幼聪慧过人，有过目成诵之谓，被乡里视为“神童”。

随着太平天国兴起，南方动荡，高桐轩的从商之路断了。他过起了耕读生活，寄情丹青。高桐轩往来于杨柳青画师之间，将杨柳青年画秘而不宣、口耳相传的“画诀”，抄录了下来，后来经其子高翰臣补充修订，整理成《墨余索录》。

高桐轩在务农的同时还做木工维生，对木工、瓦工匠人中所秘传的“鲁班经”“匠家镜”等工艺秘诀也都谙熟于心。这对他后来绘制年画中的亭榭楼阁，并很好地处理画中的建筑布局打下了基础。

清同治三年（1864），高桐轩在自家院内开了一间画室——雪鸿山馆，名气日隆。传说，他的一幅《仙山渔隐》图为慈禧太后赞赏，赏白银五百两，并命为“如意馆”供奉。

高桐轩有很高的文学修养，其晚年画作多有题咏。因题于年画，故诗句浅雅易懂，通俗而不鄙陋，诗文、画境相通，别有意趣。

高桐轩 年画《瑞雪丰年》及题诗

柳溪子《津西毖记》

柳溪子，杨柳青人，庚子之变时为杨柳青支应局局董。

《西青区志》第二十四编《艺文》第二章《著述经籍》中称《津西毖记》的作者为刘文蔚，其字霞轩。而著名历史学家翦伯赞则在其《义和团书目题解》中称“柳溪子似即刘恩厚之笔名”。

中国人民政治协商会议天津市西郊区委员会文史资料工作委员会 1990 年出版的《津西文史资料选编》第 4 辑中有许伯年、王鸿逵先生撰写的《义合拳在津西一带活动述闻》。该文记有庚子事变中杨柳青保甲局成立的情况，并记局董有石元士、刘恩晋、王炳奎、刘恩波、王兆泰、石作瑗、石作琚、周锦树、董汇藩等人，其中包括刘文蔚，并注明其为举人，曾任伏羌县令，而没有记录刘恩厚之名。

从对杨柳青旧闻的掌握来看，许伯年、王鸿逵所讲应该比较可信，由此推论，则作者柳溪子为刘文蔚笔名的可能性较大。但由于编者掌握资料有限，终究没有直接证据，所以此事存疑。

该书共二册，刊行于光绪二十八年 (1902)，铅印。记录庚子事变后庚子、辛丑、壬寅三年间杨柳青保甲局所办接济官兵，支应洋兵、调和民教关系及赈济贫困等事。为研究庚子事变及杨柳青地方历史不可多得之资料。

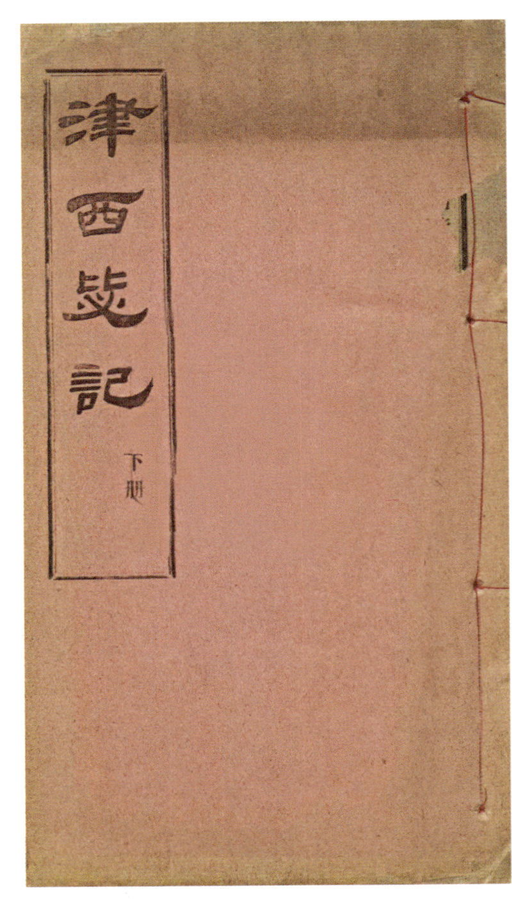

柳溪子《津西毖记》（下册）封面

地灵人杰

民谚云，近水者智。

大运河孕育出西青这块宝地，更养育了诸多风流人物。

名臣高官、武术大师、诗坛领袖、翰林学士、名角红伶……

他们是家乡的骄傲，让我们自豪。

徐　桐

徐桐像（取自《庚子辛亥忠烈像赞》）

徐桐(1820—1900)，字豫如，号荫轩，世居大侯庄（今属西青区王稳庄镇）。正蓝旗汉军，道光进士。1860年以前任翰林院检讨、实录馆协修等职。同治帝登位后为其师傅。1870年以后，先后为太常寺卿、都察院左副都御史、内阁学士、礼部右侍郎、礼部尚书、吏部尚书、协办大学士、体仁阁大学士等。清代沿用明代内阁制，置三殿三阁（保和殿、武英殿、文华殿，体仁阁、文渊阁、东阁）大学士，为正一品，设满、汉头目各一人。戊戌变法后，徐桐深得慈禧信任，成为内阁首辅，位极人臣。

徐桐爱国但极其保守，反对维新。《清史稿》称其“守旧，恶西学如仇。门人言新政者，屏不令入谒”。1900年，八国联军侵入北京，徐桐上吊殉国，年八十有二矣。《庚子辛亥忠烈像赞》将徐桐收录其中。

杨光仪

杨光仪（取自《天津志略》）

杨光仪(1822—1900)，字香吟、杏农、庸叟，世居木厂村（今属西青区辛口镇）。为清咸丰二年（1852）举人。光绪九年（1883）授河间府东光县教谕（未赴任），后会试不第，遂绝意仕途。曾为拣选知县，敕授文林郎，以子署衔候选训导加二级，诰封奉政大夫。其著有《碧琅玕馆诗钞》四卷。

杨光仪在津门诗坛享有盛名，曾应天津著名诗人梅成栋之邀，就任梅成栋创建的天津辅仁书院（位于天津市西北角文昌宫）山长。晚年组织“九老会”“消寒社”等诗社组织，成为津门诗坛领袖。其门下才俊辈出，其中著名的有“南吴北华”，即吴昌硕和华世奎。

李来中

113 岁传奇老人李忠祥（即李来中）像（张恩彩提供）

李来中（1837—1950），泗州（旧属安徽，今属江苏）人，太平天国李秀成部将。《太平天国轶闻》中则有这样的记载："李来中，南人，曾隶属洪秀全部忠王李秀成麾下。秀成败，来中涕泣呼号誓必复仇。秀成慰之曰：'尔大好男儿毋自戕。今日已矣。度一二人力亦不能支。尔往徒速毙耳。余观满清气运亦不越数十年。尔果有志，当自重，为后来计也。'来中受命遂投入山东白莲教，埋匿三十余年。毓贤抚山东，奖励拳勇，来中乃诡投以扶清灭洋之说。毓贤纳之，由是势大炽。及联军破天津，南人有识来中者私叩之曰：'今八国且联兵攻京，若以兵力比例，彼胜我当百倍。而曰灭洋，洋何能灭？曰扶清，清焉能扶？适自亡其国而已。'来中曰：'余何尝不知？惟余蓄志报仇已三十年，今幸得间，岂敢失此好机会？余所以辛苦来此者，求复仇已耳！成败非所计也！'后遂遁去。"

太平天国运动失败后，李来中曾长期潜伏于津西西琉城村（今属西青区张家窝镇），后掀起义和团运动。义和团运动失败后，他以理门领众身份隐居民间，创立西琉城众善堂公所以及独流镇的诸多公所。有记载他也是杨柳青正安堂公所领众。据西琉城村老人讲，20 世纪中期，李来中在方圆几百里都有着很大影响。

石元仕

石元仕（1849—1919）字次卿，杨柳青人，石家大院（石氏尊美堂）最后一位主人。致力于经营，使石家经济实力和政治影响极为扩大。1900 年，八国联军入侵天津后，倡议设立支应局，又成立保甲局，维护地方治安。清廷为表彰其维护地方平安，授给四品卿衔湖北试用道，后为慈禧太后召见，钦加三品衔，赏戴花翎。1906 年，清廷立宪诏下，石元仕出任天津县议会议员及副议长，后又充任镇议会议长。曾倡办教育，出资办学校。

石元仕像（取自《天津志略》）

朱连魁

朱连魁（1854—1922），杨柳青人，艺名“金陵福”，清末非常有名的古彩戏法表演者。他擅长的戏法有碎纸还完、空竿钓鱼等，其中一些表演使得外国魔术师也为之震惊。

朱连魁出生于商人家庭，9 岁丧父，从小喜爱魔术，学有所成后一度赴上海谋生。1898 年，朱连魁首次在美国表演，是第一位赴美表演魔术的中国魔术师。

他以艺名“金陵福”表演中国民间戏法，特别是“空竿钓鱼”等节目得到了美国观众和魔术界的赞誉。其细腻的表演、手法上的高难技巧、变化多端的道具和精巧的构思，令美国魔术界惊讶，也使美国观众发现了东方戏法（幻术）的巧妙，兴起了一股争看中国戏法的热潮。

他对外宣称自己是“专为慈禧太后献艺的魔术师”，很快凭借传统中国戏法风靡全美，成为美国杂耍表演中最高薪水获得者、影响力最大表演者之一，分别在 1898—1900 年和 1912—1915 年两次打破票房纪录。朱连魁也是为数不多的登上国际魔术师协会（I.B.M）的官方刊物 *Linking Ring* 的中国人。由于他的成功，一些美国魔术师自称中国人，且纷纷模仿他的表演。当时很多美国人以看过朱连魁的魔术表演为荣。

朱连魁在其他领域也颇有建树。1899 年，他制作了中国第一部音乐唱片。1911 年，他与外国摄影师联合拍摄了中国第一部纪录片——《武昌战争》。《武昌战争》记录了武汉民军与北洋军英勇作战的一些珍贵的历史镜头，朱连魁也因此被称为“中国纪录片之父”。

朱连魁以其特殊的成就被称为“美国第一位华人巨星”，加拿大学者 Samuel D . Porteous 著有关于朱连魁的专著《*Ching Ling Foo：America’s First Chinese Superstar*》，颇具影响。

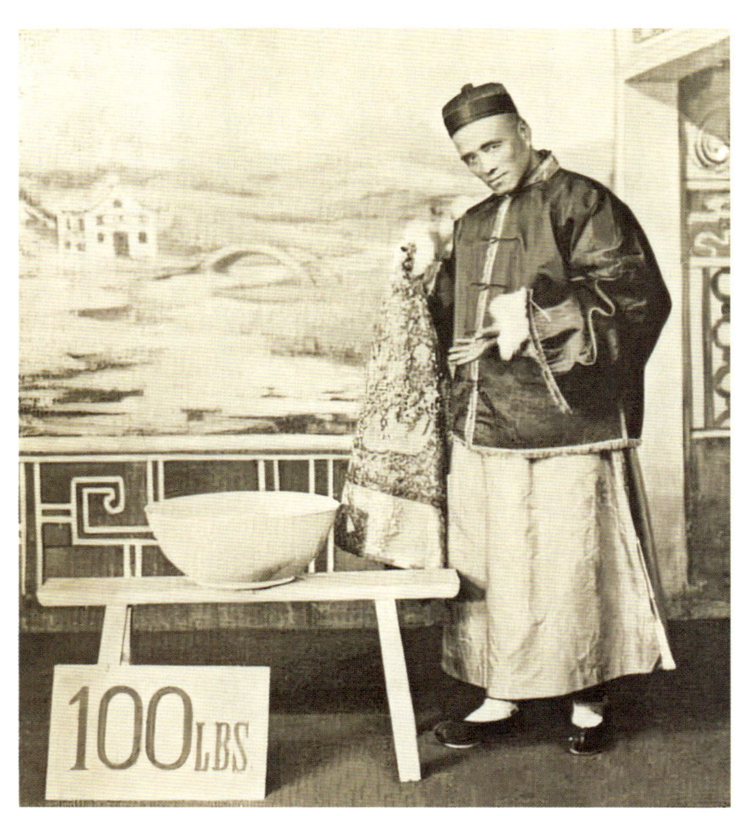

朱连魁像（西青区档案馆提供）

霍元甲

霍元甲（1868—1910），清末著名武术家，字俊卿，生于天津静海县小南河村（今属西青区精武镇）。霍元甲幼年体弱，在继承家学迷踪拳的基础上，又到杨柳青向“风云”“胜舞”等武术组织学习武术，特别拜“风云”会头王国立为师，学习潭腿。他在28岁后到天津城里当码头装卸工，后在农劲荪开设的怀庆药栈当帮工。

1909年，英国大力士奥彼音在上海摆下擂台，讥讽中国人是“东亚病夫”，上海民众十分不满，但又无人应战。农劲荪得知此消息，遂向上海知名人士、同盟会员、革命党人陈其美推荐了霍元甲。霍元甲一到上海，上海各大报纸用大号字体刊登消息。霍元甲挑战奥彼音，双方约定在张园公开比赛。但到了比赛时间，奥彼音却已逃之夭夭。霍元甲遂留上海授武。王国立派其弟子——景县“赵家五虎”赵连城、赵连和等——帮衬。

1910年9月，日本柔道会找霍元甲较量。霍元甲先让徒弟刘振声上场，连胜五人。日本领队也败于霍元甲。

1910年6月1日，霍元甲在农劲荪等人的帮助下，在上海创办了“中国精武体操会”（后改名“精武体育会”）。孙中山亲笔写下了“尚武精神”四个大字，赠送给精武体育会。

1910年9月14日，霍元甲病逝。

此后，霍元甲的事迹多次被写成小说，拍摄为电影、电视剧，产生了很大影响。

霍元甲（取自《精武本纪》）

李廷玉像（取自《河北省南运河下游疏浚委员会报告书》）

李庭玉

李廷玉（1869—1952），字实忱，天津西头大觉庵（今属西青区大园村、小园村）人。清末曾中秀才、举人，后毕业于保定将弁学堂。受知于铁良、张勋。民国后随江苏督军李纯到江西，曾任九江镇守使、赣南镇守使，一度代理江西省长。1922 年卸职返津，经营盐业。1931 年，组织成立“天津国学研究社”。1935 年，李廷玉组建南运河下游疏浚委员会并担任常务委员会主席，疏浚了南运河下游。1937 年，七七事变后拒当汉奸。1948 年 12 月组建“天津市人民自救会”，呼吁国民党守军停止抵抗以保护城市和人民。1952 年 5 月 3 日病逝。

李廷玉视察南运河下游疏浚工程（取自《河北省南运河下游疏浚委员会报告书》）

韩慕侠

韩慕侠（1877—1947），生于大泊村（今属西青区王稳庄镇），著名武术家，曾先后随李存义、张占魁、应文天等 9 位师父习武。1915 年，韩慕侠曾应南开中学张伯苓邀请，在南开中学教授武术。期间与周恩来交好。1918 年，俄国人康泰尔在北京设擂挑战中国武术界。由于官方原因，制止了国内武术界与康奈尔比武。于是，韩慕侠在北京六国饭店私下挑战康泰尔，将其击倒。康泰尔将其环游世界摆擂所得 11 块金牌献给中华武士会。韩慕侠名声大噪，被后人誉为“武林奇杰”。中国大陆早期武侠电视连续剧《十一块金牌》和电影《武林志》就是根据他的事迹改编的。

1924 年，奉军第 16 军驻扎杨柳青时，张学良曾邀其训练武术团，地点就在官斗局河对岸（今元宝岛）的空地。

韩慕侠像（西青区档案馆提供）

韩慕侠舞剑（西青区档案馆提供）

刘学谦

刘学谦（1886—1916），杨柳青人。就学于杨柳青乡绅创办的崇文书院。光绪八年（1882），乡试中举；光绪十二年（1886）丙戌科殿试，为二甲第六十名，赐进士出身，改庶吉士。其同科进士有徐世昌（二甲第五十五名，后任民国大总统）等人。光绪十五年（1889），任翰林院编修、国史馆协修。光绪二十年（1894），任山西道监察御史。光绪二十五年（1899），任掌云南道监察御史。光绪二十七年（1901），任礼科给事中，管理五城街道。光绪三十年（1904），任工科掌印给事中。光绪三十二年（1906），任四川永宁道，赴任途中丁忧，回家守制。宣统元年（1909），授浙江金衢严道，次年至上海，还未到任辛亥革命起。民国时曾任禁烟局局长。

刘学谦晚年身体不好，1916年病逝。其家南临猪市大街，北面有一后门。因为刘学谦做翰林的原因，其家后门所在的胡同被称为翰林院后门。

刘学谦为官时曾上书建议设立半日学堂，以使贫寒子弟得到教育，回乡后积极参与民间办学。

其子孙皆学有所成，各有建树。

刘学谦像（取自《刘廼中艺事丛脞·履迹》）

杨翠喜

出生在杨柳青的清末名伶杨翠喜旧影（西青区档案馆提供，冯立彩化）

杨翠喜（1886—？），清末名伶，多种资料称其出生于杨柳青镇姚家店胡同。幼年家贫被卖给放高利贷的杨益明，取名杨翠喜。后被杨益明转卖给陈豁子，在其剧团学习河北梆子。她十四五岁时已出落得丰容盛鬋，圆姿如月，且歌喉极其动人，并学会了很多戏出。最初在天津侯家后小戏园“协盛园”登场献艺，一炮打响，并渐渐地红了起来。后在天津各大戏院如“下天仙”“会芳园”等处演出时场场爆满、座无虚席。地方官僚中对其最着迷的是天津巡警道段芝贵。

光绪三十二年（1906），清政府派御前大臣农工商部尚书、庆亲王奕劻的儿子——贝子衔载振，往奉天、吉林等地查勘边务，路过天津。直隶总督袁世凯令段芝贵负责安排公馆，陪伴招待。段筵宴载振时，召杨翠喜做堂会演出。段芝贵见载振对杨翠喜有意，就命杨留下来服侍载振。段芝贵因此官运亨通，升任黑龙江巡抚。后段芝贵献美得官之事被人告发，参奏的折子经过慈禧太后批示：段芝贵撤职，派醇亲王载沣、大学士孙家鼐详细查办。奕劻主动请求慈禧裁撤载振职务。

杨翠喜也被送回天津，归盐商王益孙。杨翠喜虽然身世坎坷，但却是惊艳一时的红伶，引无数名仕追捧。当时，著名的津门才子李叔同就曾痴情于她。他每天晚上都到“天仙园”为杨翠喜捧场。光绪三十一年（1905），即杨翠喜案发生前一年，李叔同写了《菩萨蛮·忆杨翠喜》。最早发表在《南社丛刊》第八集中。由于这段交往，甚至后来有人附会李叔同出家与其和杨翠喜的爱情无果有关。

小菊处

小菊处（1891—1969），女，杨柳青人，本名安秀梅，字秋痴，乳名菊。其自幼喜好戏剧，9 岁在天津学演河北梆子，12 岁登台演出，仅用了 8 年时间便成长为赫赫有名的女伶。她在沈阳演出时，被称作“奉垣名伶”。

小菊处文武兼擅，技艺全面，以演花旦行当为主，老生、武生、老旦乃至花脸、小丑诸行无所不能，并兼通京剧和昆曲，可谓戏曲全才。小菊处演文戏，“嗓音宽亮，以刚取胜。武生戏宗法李吉瑞，也演得有章法”。其代表剧目有《辛安驿》《铁弓缘》《阴阳河》之花旦、《南天门》之老生、《捡柴》之老旦、《落马湖》《黄鹤楼》之武生等。因唱作俱佳，小菊处为同行所钦佩，被誉为“河北梆子十小美之一”。

清末名士易顺鼎评价小菊处：“我曾见其演红梅阁，又曾见其演玉虎坠。亦复兼擅色与艺，能使观者心为醉。”

小菊处剧照（取自《风月画报》1933 年第 1 卷第 7 期）

李春林

李春林像（西青区档案馆提供）

李春林（1892—1973），生于杨柳青，原名李德鑫。其父李焕荣酷爱京剧，工武场大锣。李春林12岁时，李焕荣带着他进京学戏（住在小石头胡同3号院），入韩家潭陆华云创办的长春班，工老生，由此起艺名“春林”。1907年，陆华云病故，长春班散，李春林入喜连成社搭班学艺。虽工老生，但精通各行，并有很强的组织能力。因与李和甫、杭子和等人结拜，排行第八，人称“李八爷”。

李春林嗓子好、有功底，在喜连成社与喜字科的学生一起搭班唱戏，其中有梅兰芳、周信芳等，后成为梅兰芳剧团的总管。

京剧剧团的总管不是管行政事务，而是管业务。李春林管的事，除了领衔主演外，所有的角色、乐队人员，剧目安排，乃至薪水都由他安排，同时他要负责整部戏的导演和排练。这些都要求总管要有很高的业务素质，要会说戏教学。李春林就曾以《太平桥》和余叔岩有过互教互学。他早年还为载洵（光绪之弟）说过戏，可以不看戏本把整出戏装在脑子里，说戏、调度随心应手。所以，李春林在后台具有绝对的权威，主角请他管事也放心。他先后做过余叔岩、梅兰芳、李世芳的管事，其中辅佐梅兰芳长达30多年，与程砚秋的管事高登甲、荀慧生的管事李玉安、谭富英的管事乔玉林并称京剧界“四大总管”。因为其深厚的京剧底蕴，李春林晚年被北京戏曲研究所聘为研究员。

李春林的子女也都是京剧界人才。其子李文元为著名琴师，女儿李文华、李文敏也都是京剧名角。

李春林（右二）与梅兰芳（右三）等人合影（取自《十日戏剧》1938年第1卷第34期）

刘喜奎

刘喜奎（1894—1964），本名桂缘，自号志洁，祖籍河北省沧州南皮黑龙村，1894 年（有说 1895 年）出生于天津杨柳青。

刘喜奎像（西青区档案馆提供）

刘喜奎（西青档案馆提供）

她 8 岁入科班学戏。初习老生，艺名“连奎”，后改学花旦，改艺名为“喜奎”。17 岁时，经著名京剧演员三麻子介绍到上海演出，常和“麒麟童”周信芳合作，很快蹿红。几个月后回到天津。1913 年，刘喜奎凭借在《蝴蝶杯》中的精湛演出，名声大震，天津的戏园争相以重金请她演出，由此跻身名伶。1916 年，《顺天时报》举办选举“伶界大王”的投票活动，年仅 21 岁的刘喜奎得“二十三万八千余张选票”，获得“伶界大王”的称号；梅兰芳“得二十三万两千余张选票”，获“男伶大王”的称号。刘喜奎自此有“梨园第一红”之说。史学家张次溪曾有记述：“喜奎之色既甲天下，其艺尤冠一时，故为喜奎倾倒者，大有人焉。其时旧都名流，多谱新词以相赠。”据传，袁世凯、黎元洪、冯国璋、徐世昌、曹锟等五位民国总统都曾倾心于刘喜奎，甚至有人要纳其为妾。但刘喜奎不慕权贵，对他们敬而远之。为了躲避军阀权贵的骚扰，更为防止亲朋因此遭遇不测，刘喜奎匆匆嫁给陆军部职员崔承炽，隐居乡间。不料，崔肺痨咳血，不几年就去世了。刘喜奎本可复出登台，但她选择礼佛闭门家居。1949 年 10 月，文化部戏曲改进局成立。戏曲改进局在田汉的主持下，聘请一些戏曲名宿为戏曲学校教授。田汉亲自拜访刘喜奎，请其出任学校艺术委员，享受教授待遇。

王克琴

王克琴（1894—1925），女，杨柳青人。王克琴本旗籍，自幼失怙，为其姨母所养，即以姨父母为父母，以王为姓。姨父王某，懂外文，营洋货业，庚子后二年，病逝，遗产甚丰。其姨母久居天津，不愿回乡，又嗜赌如命，不到一年，家产挥霍殆尽。这时天津坤剧兴盛，乃聘名师，授克琴艺，兼习二黄、梆子花旦。王克琴十来岁，已会数十出戏。十二三岁时，营口某戏园以三百金聘请，乃正式下海。时有名旦一盏灯爱其敏慧，收为弟子。所演皆为小花旦戏，颇受欢迎。及期满返津，各戏院纷纷争聘，于是声名鹊起。王克琴会的戏也越来越多。当时王克琴月包千金，天津坤伶无第二人。在上海、武汉等地均受欢迎。王克琴每于戏余，喜究习文字，久之能阅戏词，作短札，尤擅长女红。后被军阀张勋纳为妾，为其生一子。后失宠，遂只身逃离。为生计所迫，复操旧业，演出于上海、武汉等地，其受欢迎的程度不减当年，而克琴并不以此为荣，曾自叹："此罪孽也！"乃至郁郁多病而终。

王克琴像（取自《鞠部丛刊》）

王克琴像（西青区档案馆提供，冯立彩化）

谷瑞玉

谷瑞玉（1904—？），出生在杨柳青，后来家道中落，13岁时被卖给了戏班子学戏。曾跟李金顺和白玉霜学习评剧。14岁登台，先在孙家班演出，后来成兆才成立了庆春班，她就给花莲舫唱配角，艺名小金玉。15岁时她就已经唱红了，与李金顺、白玉霜、花莲舫并称天津的“四大名旦”。

谷瑞玉像（西青区档案馆提供）

1920年，17岁的谷瑞玉到东北投靠姐姐谷瑞馨（吉林省税捐局长鲍玉书之妻）。到东北后，谷瑞玉改学京剧。这年9月，带兵剿匪的张学良来到吉林。吉林督军张作相为他举办堂会接风，而漂亮的谷瑞玉则是堂会上最引人注目的艺人。张学良对其一见钟情。1921年冬，张学良在黑龙江剿匪受伤，谷瑞玉闻讯赶去，百般照料。第二年春，张学良带着谷瑞玉回到沈阳。然而张作霖不能接受这个戏子出身的谷瑞玉，经过张学良努力，张作霖仍然不允许谷瑞玉进帅府，只允许张学良把她带在军队里，而且从此不准其再唱戏。

张学良年轻时是风流人物，可谓阅人无数，能看上谷瑞玉，可见其不是一般人物。1922年，第一次直奉战争时，谷瑞玉跑到杨柳青前线看望张学良，并到战地医院当护士抢救伤员。

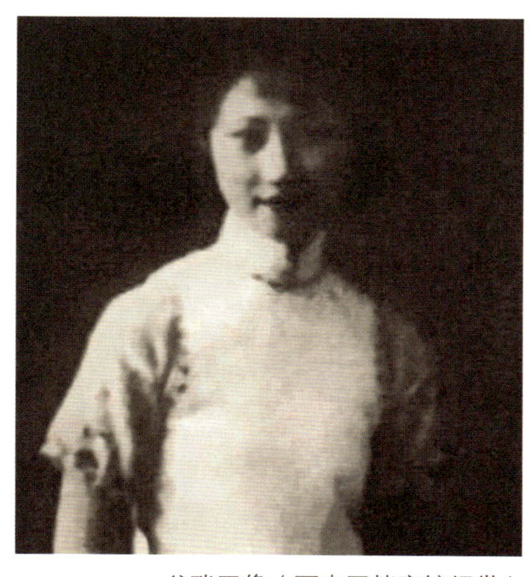

谷瑞玉像（西青区档案馆提供）

后来杨柳青指挥部遭直军突袭，张学良欲寻短见，又是谷瑞玉抢下他的枪并激励他重振信心。此后谷瑞玉随张学良四处征战，被称为随军夫人。

后来，谷瑞玉与张学良的政敌杨宇霆、常荫槐二家交往甚密，甚至应常荫槐三姨太之请，向张学良为常荫槐谋职位。因此，张学良逐渐疏远了谷瑞玉。1930年，二人离婚。

谷瑞玉的后半生如何其说不一。有的说她在1940年患病，不能自理，由其养女、她姐姐的女儿胡文秀照料。1946年，胡文秀结婚去了青岛。失去照料的谷瑞玉于当年7月去世。

还有一种说法，说谷瑞玉离婚后改名“孟晓玉”，进入南开大学学习物理学，后留校成为副教授。1957年退休，安度晚年。1983年病逝于天津。

石　挥

石挥像（西青区档案馆提供）

石挥（1915—1957），原名石毓涛，著名电影、话剧演员，导演 。石挥生于天津杨柳青石氏怀德堂。不久即随父定居北京谋生。后其父失踪，他 15 岁即做了火车车僮。后又做过茶房、仆人、车站收票员等。1935 年，在北京明日剧团的话剧《买卖》中客串茶坊，这是他第一次登上舞台。七七事变后到上海加入中国旅行剧团，以后又加入过上海职业剧团、金星公司、荣伟公司等。出演过话剧《日出》《家》《正气歌》《秋海棠》《林冲》《乱世英雄》等。1942 年，主演的剧情片《乱世风光》首映。1943 年，著名歌星周璇曾同石挥恋爱。1947 年，主演的爱情喜剧电影《假凤虚凰》上映 。1948 年，编导剧情电影《母亲》，该片是其首次独立编导的电影作品。

中华人民共和国成立后，石挥也有诸多佳作。1950 年，自导自演的电影《我这一辈子》上映。1951 年，自编自导自演了电影《关连长》。1953 年，执导儿童片《鸡毛信》。1955 年，执导神话题材黄梅戏电影《天仙配》。1957 年，自编自导电影《雾海夜航》。

1957 年，石挥被打成“右派”，随后在上海失踪。1959 年，在黄浦江发现其尸体。1979 年，上海电影制片厂为石挥平反。1995 年，获得中国电影世纪奖。

姜存瑞

姜存瑞（1908—1997），本名炘熙，又名震宗。拜师学说评书后取艺名存瑞。

姜存瑞像（西青区档案馆提供）

姜存瑞生于杨柳青，幼年在文昌阁小学读书。他白天上学，傍晚去杨柳青的关帝庙，在月台上听彭竹坡先生讲评书。彭先生多讲三国书，这对姜存瑞产生了很大影响。

1924年经人介绍，姜存瑞到天津市区学徒，在河北关上杨家大院韩记木工厂学雕刻。当时，他听评书已经入迷，最喜欢张岚溪先生讲的《三国》。于是，他提出要拜张先生为师学习说评书。当时张先生已经“闭驳”了（“闭驳”即一个评书演员在传宗接代方面，有了隔辈人了即徒孙，自己就不再收徒弟了），但鉴于姜存瑞对评书的热爱，张先生将他介绍给评书名家蔡豫卿。1928年的农历四月十八日，姜存瑞正式拜师蔡豫卿。1931年，姜存瑞正式登台，开始了评书表演生涯。姜存瑞善于学习、思考，他博采众长，不但跟自己的师父、师爷学习，还向顾存德、蒋轸庭、福坪安等多位名家学艺，向观众学习，并总结出“抑、扬、顿、挫、清、轻、迟、紧、巧、窍、豪、媚、脆”等十三字的蔡豫卿评书表演技巧，使评书艺术增添了美感，深受听众欢迎。姜存瑞钟情于《三国》，在《三国》书上下了很大功夫。正是由于姜存瑞的努力，使其精于赞、赋，能大段背古文，尤精于表演《三国》，以《三国》享誉书坛。他有文化，能创作，曾参照陈寿的《三国志》，给诸葛亮、刘备、关羽、张飞、曹操、孙权等几十位主要人物写传，编赞赋，对人物刻画细致入微。20世纪80年代，天津人民广播电台曾播出他表演的《三国》。他讲的《三国》是道活儿，即靠师傅教口授心传再加上自己的研究，传承发展评书，而不是照本宣科或背书。所以，他讲的《三国》故事情节多有发挥，比罗贯中原著多很多细节，能让听众在细细品味中享受评书艺术。

廉金波

廉金波像（廉金波之孙廉德胜提供）

廉金波（1911—1978），杨柳青本土评书艺人。住在乔家疙瘩三条胡同四号院。廉金波不识字，但是非常努力且记忆力惊人，常让其子与小姨子等识字者为其读小说和评书“页子”。他能一字不差地背诵人物颂赞、刀枪赞、马匹赞等，其人名、地名、武器等从未出过差错，其多说《大五义》等传统评书。在杨柳青三不管小剧场、金家书场、西头陶家书场等说评书，深受群众欢迎。用杨柳青方言说评书是廉金波的特色，也颇接杨柳青之地气。

廉金波与评书演员田庆瑞交好。1957 年，曾接待田庆瑞、田连元父子前来杨柳青，介绍田连元在杨柳青说书。

1958 年，在合作化运动中，杨柳青成立评书队，廉金波任队长。

杜　庆

杜庆像（杜庆之子杜树刚提供）

杜庆（1913—2000），原名杜庆云，杜庆为艺名，杨柳青本土评书艺人。家住杨柳青十四街平安小胡同。本为子牙河码头搬运工人，于日本投降后改行说评书。擅长《大五义》《小五义》等传统评书。杜庆识字不多，但善于学习。自己写有评书的梗概，演出时开枝散叶，一二百字的梗概可以讲两个多小时，深受听众欢迎，是金家书场的主力演员。说评书时，杜庆常以杨柳青方言加天津腔，颇具特色。

杜庆常与本镇的廉金波、独流镇的吴振明搭伙，接待市区及外地的评书、鼓书艺人，也一同到独流、兴济等地演出，颇受欢迎。

1966 年，杜庆停止评书表演。1971 年，杜庆成为汽车发动机厂基建科职工，负责勤杂工作。但该厂工人、干部并不让他干勤杂工作，而是请他为大家表演评书，直到 20 世纪 70 年代末退休。

退休后，杜庆也常为亲朋表演评书。

花会记忆

花会是传统的民间文艺活动，
西青的花会又别具特色。
风云老会培养出著名武术家，
香塔法鼓则是民间信仰的活化石……

风云老会

杨柳青风云老会，创建于清光绪年间，至今约有 150 年的历史。创始人名叫王国立，家中排行第九，人称王九爷。王国立家族是旗人，年轻的时候在北京做镖师，经常出入皇宫内院教授皇子、皇亲们武功。后于 1876 年回故里杨柳青开办了王家客店，杨柳青五街曾有王家店胡同，即因此得名。同时，他还创立了古柳口武术会，当时杨柳青各街村均有人加入武术会。后经人提议，古柳口武术会改名为风云老会。风云老会的日常活动是向大家传授武术技艺，遇春节、庙会等节日庆典，还组织会员们出会演出助兴。于是，风云老会也就成了杨柳青的一道传统花会。

王国立曾经收霍元甲为徒。霍元甲经常从南乡（小南河）来杨柳青向王国立探讨武艺，王国立还将霍元甲介绍到河北省景县与赵家五虎切磋潭腿技艺，使其武功有了很大的飞跃。霍元甲在上海创办精武会时，王国立应邀携弟子赵连和、赵连城前往助威，为霍元甲捐款并传授了潭腿十路拳。

1958 年，田连元 17 岁时曾在杨柳青说书，其父通过朋友介绍他去拜师风云老会第三代会头岳家霖。向岳家霖学习了拳术、器械。这段学武经历对于田连元后来的评书表演，特别是其中武架子的表演有着非常重要的作用。

1941 年，风云老会成员孙家树、辛来赞表演“花枪进镜”（风云老会提供）

20 世纪 80 年代，风云老会在街头表演（风云老会提供）

2013 年，风云老会李家胜会长（右二）与西青融媒体记者肖艳丽（右一）访问田连元（风云老会提供）

胜舞老会

在杨柳青镇，素有“东有风云，西有胜武”的说法，其中的“胜武”指的就是今日的胜舞老会。天津“杨柳青胜舞老会”由杨柳青镇人赵魁梧创建于清道光二十六年（1846），至今传承七代，已有 170 余年历史，传承戳脚等拳术和刀枪等器械。赵魁梧的二儿子赵金城携侄子赵恩才一起去了新疆，并在新疆建立了胜舞老会分会。据白秉刚编著的《杨柳青人赶大营寻踪》记载，胜舞老会最盛时会众多达万人，遍布全国各地。

▲ 1933 年，杨柳青十三街国术胜舞老会合影（胜舞老会提供）

▶ 1930 年，大同水局（胜舞老会）会众在准提庵合影（胜舞老会提供）

1980 年，东寓法鼓恢复活动后为群众表演（东寓法鼓提供）

东寓法鼓

东寓法鼓老会成立于清乾隆中前期（约 1755 年），由杨柳青人于成功（人称于五爷）创立，属文法鼓，以坐敲为主，演出形式有三部分：法鼓演奏、笙管乐演奏、唱念乐演奏。东寓法鼓老会不同于其他法鼓会的地方在于，其不止有传自佛教的法鼓表演，还有传自道教的笙管乐，多种音乐形式交融，形成了其委婉而纯朴的独特风格。通常，东寓法鼓老会在设摆和行会中只演奏法鼓和笙管乐。唱念乐在旧时用于丧事超度，做法事时演奏。如今还保留有一二百年历史的乐器、仪仗等。

1986 年，东寓法鼓的行会（西青区档案馆提供）

1988 年，东寓法鼓在街头行会（西青区档案馆提供）

香塔音乐法鼓

香塔音乐法鼓起源于杨柳青镇西，创于明代天启三年(1623)，初名香塔善事。新中国成立后更名为先进音乐会，改革开放后更名为香塔老会。香塔音乐法鼓迄今历经近400年传承，历代以口传心授之法沿袭，谱系明确，有遗存老器具，民间艺术特点显著。2000年，为申报非遗，香塔老会正式更名为香塔音乐法鼓，民间仍称其为香塔老会。2014年11月，香塔音乐法鼓经国务院批准被列入第四批国家级非物质文化遗产代表性项目名录。

1986年，香塔音乐法鼓的大纛旗（西青区档案馆提供）

1986 年，香塔音乐法鼓在表演（西青区档案馆提供）

1986 年，香塔音乐法鼓的茶挑子（西青区档案馆提供）

1986 年，香塔音乐法鼓在行会（西青区档案馆提供）

1988 年，香塔音乐法鼓在行会（西青区档案馆提供）

1995 年，香塔音乐法鼓在表演（西青区档案馆提供）

1990 年，狮子会在表演（西青区档案馆提供）

狮子会

狮子会本为会典活动时镇邪、压场所用之花会。同治初年，有绰号张回子的人，办狮子会于镇西。其会为文狮，节目有打滚、舐犊、抓痒、抖毛、抚乳、教锥及各种摇摆起卧等舞姿，于细微处见精神，状颇活泼。后张获罪充军，无人接办。后每有会典，则请姜家井狮子会来表演。新中国成立后，杨柳青八街从河北省邀请师傅前来授艺。八街农民农闲时练习舞狮，有节日和重大活动则出会助兴，深受群众喜爱。

1986 年，狮子会在表演（西青区档案馆提供）

◀ 1986 年，狮子会在表演（西青区档案馆提供）

▼ 1990 年，狮子会在表演（西青区档案馆提供）

龙灯会

历史上杨柳青的龙灯会有两道，按照演练图案，分为《江云图》和《海云图》。龙灯长约数丈，每一节龙身内，燃蜡烛一只，每人持一节，随龙头蜿蜒穿插，龙前有一武生持龙珠，引龙翻舞。中华人民共和国成立之初，由脚行主持表演，后搬运工会、运输场继之。后按照街域，龙灯会隶杨柳青镇十街。有节日和重大活动则出会助兴，深受群众喜爱。

1986年，龙灯会在表演（西青区档案馆提供）

高跷会

高跷会创于清末，杨柳青镇二任（一名任兆，绰号白辫绳；一名人称任花样子）一赵（名字不详）为会头。任兆饰花棒头陀僧，曾在天津北马路演出，能一跳坐地，四方翻滚劈叉，不用花棒与手扶地，继而拔身而起。能仰面翻打七十二棒，清脆有声，后单腿过桥，再转身以鹤行，动作干净利落。任花样子饰老渔翁，弯腰弓背，白发长髯，其打网捉鱼之动作与老态龙钟之形态，深为观众所喜爱。后又有赵金饰花棒头陀僧，其技艺亦不错。新中国成立后，高跷成为杨柳青二街村民的保留节目，每有节日和重大活动则出会助兴，深受群众喜爱。

1986 年，高跷会在表演（西青区档案馆提供）

▲ 1986 年，高跷会在表演(西青区档案馆提供)

► 清代杨柳青的高跷会(西青档案馆提供，冯立彩化)

1986 年，高跷会在表演（西青区档案馆提供）

丝路杨柳

数千里外，有杨柳青人的身影，
他们为祖国的统一远赴新疆。
数千里外，有杨柳青人的遗迹，
他们为新疆的发展创业拼搏。
数千里外，有杨柳青人的影像，
他们为祖国的富强无私奉献。
让我们记住这些影像！

安文忠

安文忠（1852—1942）字荩臣，杨柳青镇人，其家世代为船工。清咸丰三年(1853)，太平军北伐，继有东西捻军兴起，内河航运时断时续。时左宗棠率军平定陕甘。安文忠即随大军经营，历时三载，积白银二百余两，乃收拾还乡。此时，杨柳青连年发生水旱灾害，百业萧条，安文忠便与人合伙贩粮。光绪元年(1875)，安文忠负贩去兰州，见四处张贴布告，内容是大军战定新疆，号召内地商贾随营殖边，沿途供给官店投宿；在大军集结处划出买卖圈子，经营者可在圈内搭棚设场进行贸易等。安文忠首先响应，赶赴营盘进行登记，成为入疆经商首创者。后因善于经营，乃至巨富。光绪十六年(1890)，杨柳青大水，颗粒未收。安文忠慨然捐资，并筹办半日学堂、蒙养院等。光绪二十六年(1900)，八国联军入侵，京、津沦陷。安文忠集资一万余两白银，汇津赈济乡亲。光绪三十年(1904)3月，兵部尚书长庚奉命到津视察推行新政。长庚对安文忠所提建议赞许，保举甘肃花翎同知、候选知府。

安文忠像（取自《天津志略》）

光绪三十三年(1907)，安文忠告老返乡。每年仍有银千两源源汇来，多用于举办地方公益事业。办有十八个消防会所，独资成立同善社，办施医局施医舍药，立恤赘会，捐义地，开义渡，修堤坝，整治河道，赈抚灾民等。1919年，投银一万元、土地八十亩，在药王庙西院成立安氏私立小学，聘请名师执教。校内有学生三百多名，并规定学期考试第一名者，免学杂费、书费，奖给学习用品。因之，教学质量全镇第一。1942年，安文忠在天津寓所病逝。

韩宗耀

韩宗耀，天津杨柳青人，1937 年 2 月在新疆乌鲁木齐开办同泰兴新疆号，经营百货商品。因获利颇丰，受到新疆军阀盛世才敲诈而被捕入狱，商号被迫停业。他在狱中受尽酷刑，一年后被释放。同泰兴复业后，因全面抗战爆发，出资股东担心时局有变，欲撤资收缩，加之战乱影响，内地商品无法运抵新疆，同泰兴勉强支撑，后迁入“同盛和”店铺内继续经营，商号改为“天泰商店”。1952 年因经营不善倒闭，1953 年韩宗耀去伊宁谋生，在一家照相馆做美术工作，1965 年病逝。

韩宗耀像（韩宗耀侄孙韩新祥 提供）

“赶大营”后裔为抗美援朝捐款捐物凭证

抗美援朝战争爆发以后，中华优秀儿女同仇敌忾，在新疆的杨柳青“赶大营”后裔做好工商业经营，支援国家建设的同时，又积极踊跃捐款捐物，为保家卫国的志愿军提供支持，图为部分捐款凭证。

“赶大营”后裔为抗美援朝捐款捐物凭证（西青区档案馆提供）

2022年7月，奇台直隶会馆（谢连华拍摄）

奇台直隶会馆

在新疆，直隶会馆有两处，一处在伊犁的绥定城，一处在古城子（今奇台）。

古城子商会成立于1912年，第一至第三任会长为津商杨柳青人乔长福。

乔长福，字如山，是杨柳青镇乔家疙瘩胡同人，最初去新疆伊犁投奔安文忠，成为文丰泰京货总店的账房先生。后乔如山自己创业，到古城子办起“德泰成”货栈，并承包官府的进疆货税，生意做得很红火。古城子成立商会，乔如山被推举为第一任会长，并连任三届。直隶会馆便是乔如山任商会会长期间联络各商家操持建造的。

会馆大门口曾高悬“直隶会馆”蓝底金字大匾一块，为曾任北京民国政府代总统的冯国璋亲笔所题。

会馆建起后，有力地凝聚了“津帮”商人的同乡之情。会馆处处维护“津帮”人的利益，凡来古城子谋生的乡亲，会馆只要知道他们到来的日期，就会派人去东大桥迎接。接到会馆后，除照顾他们生活外，会尽快为其安排职业，使新来的大营客都有到家的感觉。同时，直隶会馆兼为理门公所，是维系杨柳青人的精神纽带。

▲ 2022 年 7 月，奇台直隶会馆远景
（谢连华拍摄）

► 2022 年 7 月，奇台直隶会馆内景
（谢连华拍摄）

2022 年 7 月，奇台直隶会馆外景（谢连华拍摄）

尚松年

尚松年像（尚松年孙女尚广燕提供）

尚松年，杨柳青镇人，是新中国成立前“赶大营”的津商代表之一，也是新疆迪化（今乌鲁木齐）同盛和商号的最后一位经理人。抗日战争时期是迪化市工商界支援抗战的知名人士，他的事迹曾在当时的《新疆日报》上多次登载，受到当地各族各界人士的尊敬。解放初期他在工商界带头向起义部队进行慰问，积极参加迎接中国人民解放军进疆部队的活动。抗美援朝开始后，他更是带头发动工商界捐献支援物资。1951 年，他被选为市人民政府委员，是年 5 月因心脏病住院，中共乌鲁木齐市委和市人民政府的领导同志多次前往医院探望。其逝世后，又获得党、政机关的悼念和表彰。

下图是尚松年参加于 1952 年 6 月 19 日在北京召开的全国工商联筹备会的出席证。新中国成立以后，尚松年作为新疆地区爱国商业人士，被党和政府推举为全国工商联筹备会的成员。出席证作为凭证，里面详细记录了日期、职业和本人照片等关键信息。

中華全國工商業聯合會籌備代表會議

出席證

第　號

姓名：尚松年

單位：新疆省

職務：迪化工商联常委

席次：第 351 號

一九五二年六月19日 填發

一、本證為出席者出入會場及招待住所之憑證，請隨身攜帶，妥為保存。

二、本證只限本人使用，不得轉借。

三、本證如有遺失，請即通知會議秘書處，以便追查與補發。

四、本證於會議閉幕後，即停止使用。

尚松年参加全国工商联筹备会出席证（尚松年孙女尚广燕提供）

乌鲁木齐市同盛和公私合营时店员悬挂牌匾和标语（王璇提供）

同盛和公私合营旧照

同盛和京货店于 1885 年开办，天津东家为周玉丰和周耀亭父子，本地股东有严某、徐某、李梧刚等，经理是柳士清。资本约为银圆两万五千元，工作人员达二十多人。在上海、天津、北京都设有分店，在新疆奇台、伊犁、吐鲁番皆有分号，并在吐鲁番有一道坎儿井和几百亩土地，在南疆各地还有推销站。

1933 年，马仲英围攻迪化（今乌鲁木齐）之后，因为时局动乱，周耀亭将资金大部抽回天津，商店进行改组，由柳士清、徐涌波任经理，曹余三管账。1934 年，曹余三、尚松年负责管理商店，二人热心地方公益，后来曹余三被选为商会会长。1937 年，同盛和被盛世才查封，曹余三被捕，商店关闭。一直到 1944 年，曹余三被释放，同盛和勉强复业。解放后，曹余三、尚松年积极拥护党的领导，积极按照政府要求投身工商业改造运动，进行公私合营。

同泰兴新疆商号（韩宗耀侄孙 韩新祥提供）

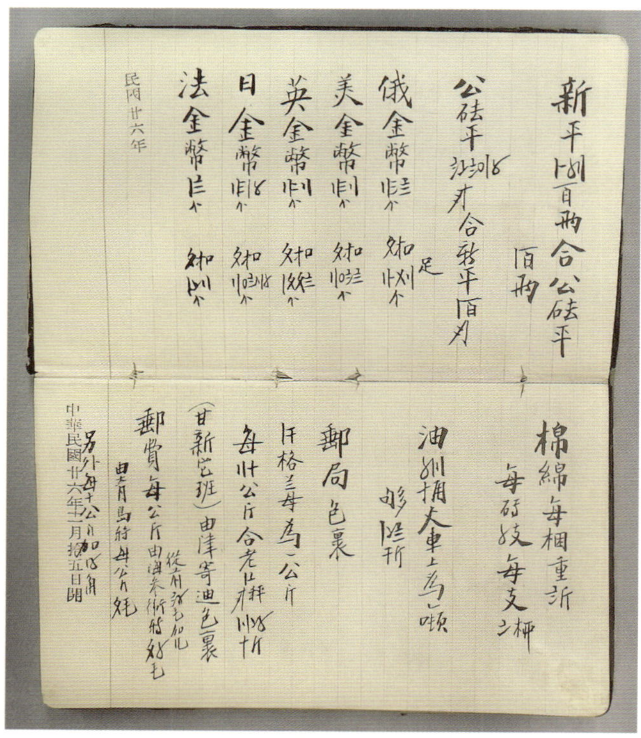

▲同泰兴记账明细册（韩宗耀侄孙 韩新祥提供）

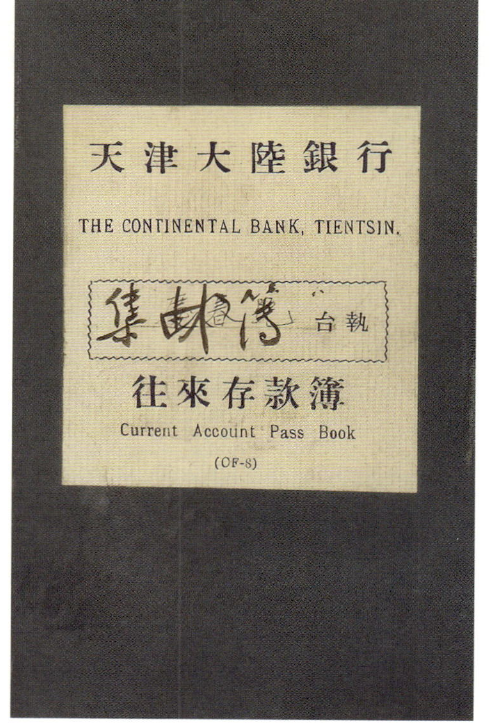

◀同泰兴往来存款簿（韩宗耀侄孙 韩新祥提供）

同泰兴新疆商号

同泰兴新疆号，由杨柳青人韩宗耀在 1937 年农历二月在新疆迪化（今乌鲁木齐）南大街明德路口拐角处（今人民银行明德路分理处）三间带小楼的铺面开办，主要经营内地百货商品。因经营获利颇丰，受到当时新疆军阀盛世才的敲诈，韩宗耀入狱一年多，同泰兴被迫停业，一年后复业，但因全面抗战爆发，内地商品无法流入新疆和股东撤资，同泰兴勉强维持。1942 年因为修建银行大楼，同泰兴搬迁到迪化南大街（同盛和旧址）继续经营，1952 年倒闭。

伊犁文丰泰京货店印章
（邬国威提供）

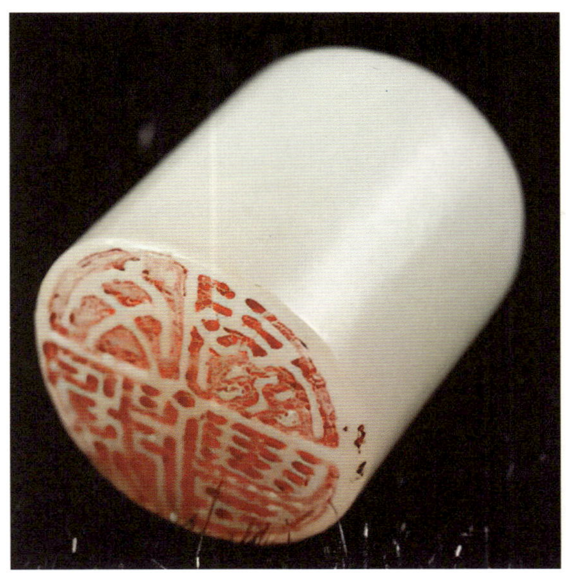

文丰泰印章

清光绪二年（1876），杨柳青人安文忠随左宗棠征讨阿古柏的清军进入新疆，先后在哈密、古城子（今奇台）、乌鲁木齐等地摆摊售货，是杨柳青人“赶大营”第一人。光绪九年（1883），清政府从沙俄手中收复伊犁，安文忠带着弟弟安文喜，从乌鲁木齐随着金顺将军的部队进入伊犁绥定城，在城内设立“文丰泰”京货店，后陆续在伊犁惠远城、宁远城设立“文丰泰”京货店分号，经营京、津商品，另有四川、湖南、新疆本地货品，还经营一部分俄国货，深受伊犁各族人民欢迎，贸易量激增，收获颇丰。

2010年，在新疆伊犁发现文丰泰京货店印章。该印章为新疆和田羊脂白玉雕刻，印高六厘米，圆柱型。印顶有圆扭，有穿绳孔。印文为“文丰泰号”四个篆字。该印玉质纯白洁净，光泽莹润细腻，雕工精美，极具文物价值。

2022 年 7 月，伊犁宁远城（今伊宁市）文丰泰京货店遗址（谢连华拍摄）

宁远城文丰泰京货店遗址

清光绪九年（1883），清政府从沙俄手中收复伊犁，安文忠带着弟弟安文喜，从乌鲁木齐进入伊犁绥定城，在城内设立“文丰泰”京货店，后陆续在伊犁惠远城、宁远城设立“文丰泰”京货店分号，成为当时宁远城主要京货店。该店历经风雨至今仍存。

伊犁惠远城西衙署

2019 年 11 月，伊犁惠远城西衙署（谢连华拍摄）

清乾隆年间，朝廷平定了新疆准噶尔叛乱和大小和卓之乱，在伊犁置伊犁将军府管辖天山南北广大地区，包括巴尔喀什湖以东、以南及帕米尔高原广大地区。清廷征调满营及锡伯营驻守伊犁各地。惠远城满营在履行屯垦戍边、巡防边界、南北疆换防等重要任务之外，还肩负伊犁惠远城防务和保卫伊犁将军的任务。惠远城西衙署为惠远新城（1882 年，清军收复伊犁后，因惠远老城已经破败，就在老城以东新建惠远新城）旧满营左翼协领衙署的后宅。当年西衙署的两侧和道路对面，就是“赶大营”的杨柳青人开办的很多店铺，鳞次栉比，惠远新城因此又繁荣起来了。今该建筑物已经辟为惠远旗人馆（展馆）。

伊犁惠远城钟鼓楼

清光绪八年（1882）伊犁从沙俄手中重回清朝，清廷随即重建惠远城，惠远钟鼓楼始建于光绪九年(1883)，当年进入伊犁地区的“赶大营”的杨柳青人就在钟鼓楼两侧的街道上开办了很多商铺，光绪九年后曾钟鼓楼曾进行过三次维修，现保存完好，是全疆仅存的一座有较长历史的传统高层木结构建筑。

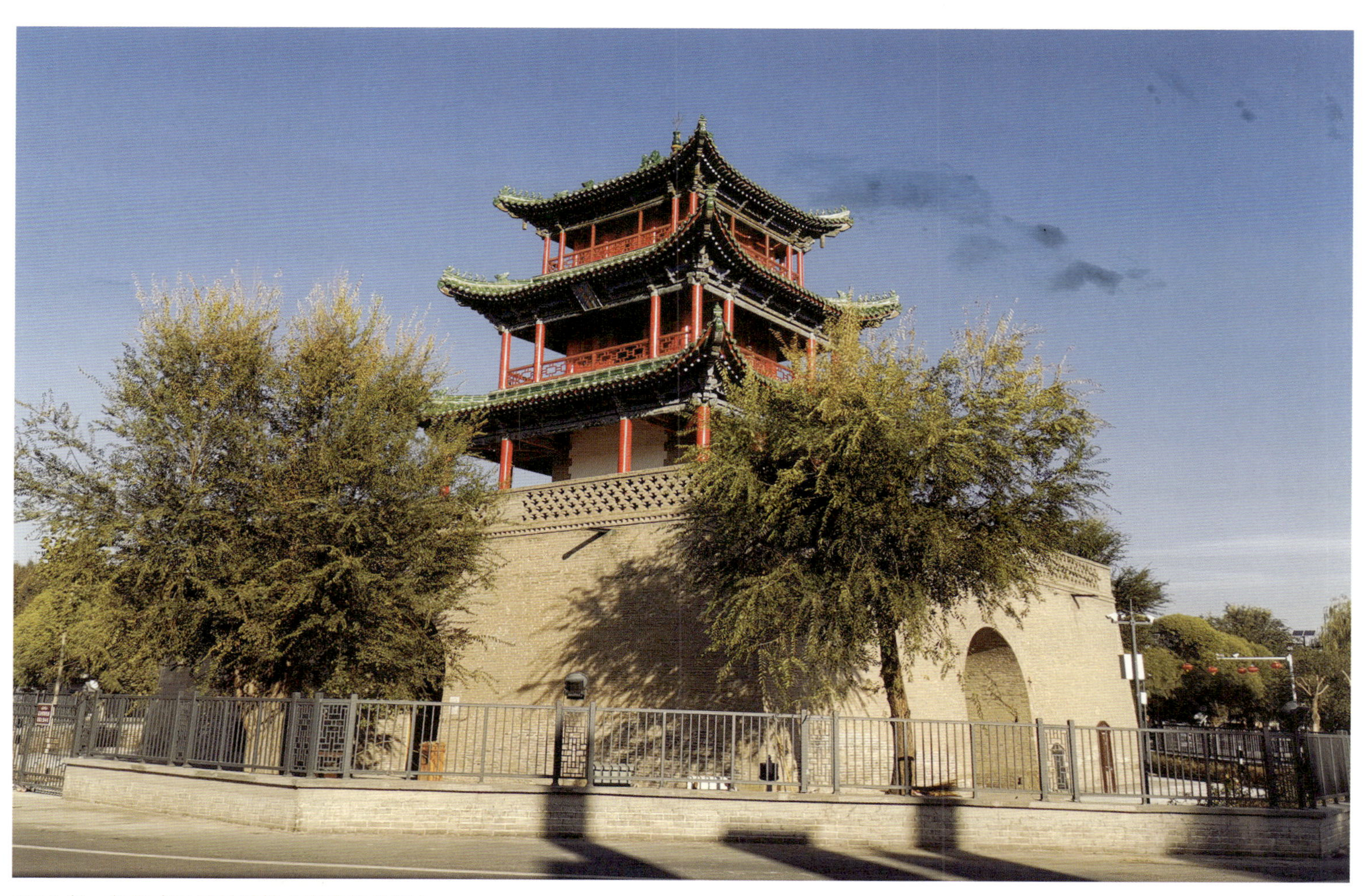

2019年，伊犁惠远城钟鼓楼（谢连华拍摄）